健康な暮らしと住まいをつくる教科書
「そらどまの家」読本

ZIGZAG HOUSE
箱から住具へ
箱箱から環具へ

ZIGZAG HOUSE と
茅葺きにかわる屋上緑化が
豊かで健康な暮らしと家をつくり出す

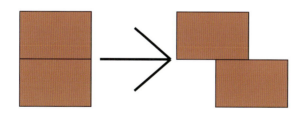

まえがきにかえて──地域環境と共生の家づくりのために

ZIGZAG HOUSE とは

　ZIGZAG HOUSE PROJECTは、地域工務店と地域の住み手が昔から受け継いできた**地域の景観になじみ**、人々の暮らしの中で培われて来た**住まいの知恵**を現代に改めて活かそうとつくりあげた家づくりの手法です。

　この手法の原点は、アジアモンスーン地域・蒸暑地域にふさわしい開放的な家づくりと、冬には乾燥した寒風が吹きすさび、暖房無しには暮らせない**日本の独特の気候に対応した知恵の結晶**です。

　熱の対流と伝導に対応してきた断熱材には防げなかった放射熱（太陽からの日射、電磁波、遠赤外線）への対応と、調湿材による**湿度調整を実現する家づくり**です。また、その調湿材は、調湿作用を持つだけではなく、**室内空気の浄化**として役立つのです。

　気がつけば、古代からの木と土と草で造ってきた家は、日本の気候風土の中でしっかりと調湿し息づいてきたのです。

　もう一つ、古代からの家で機能していた茅葺き屋根の気化熱作用を、現代工法に活かすという課題があります。現代の屋根材で水分を含み蒸発作用を持つような物はなかなかありません。夏涼しく冬温かかった草屋根の性能に代わる現代工法、それが屋上緑化工法「スカイプロムナード工法」です。

　防水性能の優れた屋根材は、太陽光を受けると温度上昇が大きくなってしまいますが、屋上緑化工法は気化熱作用により屋根面を冷却することができるのです。現代における茅葺き屋根・草屋根なのです。

　そして、次には屋根だけではなく壁についても同じような関心が必要です。空気中の水蒸気や雨水を吸収し、気化熱作用を働かせることができる外壁です。それは土壁、ケイソウ土壁、シラス壁が該当します。

　ZIGZAG HOUSE は、地球と共に呼吸する家です。

ZIGZAGというデザイン手法

　ZIGZAG HOUSE PROJECTのデザイン手法の原点は、夏は蒸し暑く、冬は木枯らしが吹きすさぶ除湿冷房と加湿暖房を必要とする地域に対応し快適な家を創り出すことです。

　夏の蒸し暑さに対しては、南アジアによく見られる通風系の壁や床のある高床の住居で対応してきました。しかし、それでは冬の寒さに耐えられません。
　冬の寒さに対応するには、すきま風を防ぎ、断熱性や熱容量のある材料で家や人を囲み、焚き火や木炭等の熱源からの輻射熱で暖房する方法を採り入れて来ました。

　古代の竪穴住居は、とても賢く、温熱的に優れた対応をしていました。
　「竪穴」と言うように、地面を1〜3m掘り下げて地熱を利用する。そのために夏涼しく、冬温かかったのです。
　また屋根を木の幹・枝・皮で覆い、土を被せて気密化・防水し、屋根材料を腐食から保護してもいました。
　その土に草が生えれば、夏は日傘代わり、冬は乾燥するので断熱材に、雪の降る所でも雪は断熱材として歓迎していました。厳冬の北海道で電気や石油無しに生き延びてきたアイヌの人たちも同じ知恵を使ってきたのです。

　ZIGZAG HOUSE PROJECTは、こうした長い長い先人たちの暮らしと家で培ってきた知恵を正面から受け止め、この現代に再び蘇らせた家づくりです。それは、地球環境と共生する家です。
　そして、ZIGZAG HOUSE PROJECTは、つくり手の地域工務店と、暮らしの主人公である住み手とが共有する家づくりとして広く多くの人々に提供していくものです。

　家づくりは大事業です。失敗のない家づくりであることはもちろんのこと、もっと積極的に「成功する家づくり」として、皆さんとともに進めていきます。共に、学び実践していきましょう。

まえがきにかえて――地域環境と共生の家づくりのために

The concept book of
ZIGZAG HOUSE PROJECT

**幽玄で神秘的な
日本のデザイン**

●

**その特徴的なものに
非対称・アシンメトリー
があります。**

●

**連続する形は
ただ単純に並べるのではなく**

●

**「雁行(がんこう)」という形で
豊かで深みのある体験を
生み出す仕掛けをつくり出してきました。**

●

**桂離宮、二条城、掬月亭(きくげつてい)などが
その代表的な姿です。**

●

**また、「雁行」は
自然と対峙するものではなく
自然に馴染むものなのです。**

秋田県能代にて2月に雁行を撮影

静岡市駿府城公園内紅葉山庭園

まえがきにかえて——地域環境と共生の家づくりのために

CONTENTE ●目次

まえがきにかえて―地域環境と共生の家づくりのために……2

1. 箱から住具へ 箱箱から環具へ……7
●箱から住具へ ●箱箱から環具 ●平安時代の「寝殿造」は四面開放で通風採光は良好だった ●江戸時代初期の「桂離宮」は「雁行」型の典型デザイン ●「雁行」型の三溪園臨春閣 ●栗林公園 掬月亭 ●佳水園 ●聴竹居 ●ファンズワース邸 ●池田山の家 ●吉田五十八自邸 ●「雁行プラン」で住宅空間を作る福岡県「須恵の家」

2. 平面的な ZIGZAG HOUSE〈雁行型プラン〉……23
●2 D-ZIGZAG HOUSE PROJECT **A** ●2 D-ZIGZAG HOUSE PROJECT **B**
●2 D-ZIGZAG HOUSE PROJECT **C** ●2 D-ZIGZAG HOUSE PROJECT **D**
●2 D-ZIGZAG HOUSE PROJECT **E**

3. 立体的な ZIGZAG HOUSE = SKIP FLOOR〈HOUSE Q〉……39
●3 D ZIGZAG HOUSE＜HOUSE **Q**＞ ●ガルバリウム鋼板の外壁イメージ

4 快適な家のつくり方……49
●古民家は隙間だらけで寒い？ ●床暖房は一昔前の常套手段
●体感温度は室温ではない！ ●調湿力が弱くなってしまった現代住宅！
●南側にテラスやベランダをつくると熱風が家の中に入ってくる
●今、一番気になる音環境！ ●昔から大切にしてきた軒先空間を大切に

5. 万人が使える家づくり「そらどまの家」……57
●住み手と作り手によるパッシブな家づくり ●「蓄熱、遮熱、気化熱」を秘めた民家の知恵 ●「そらどまの家」は万民が使える家づくり ●「呼吸する壁」が壁の中と室内を健康に！ ●家と住み手の健康をつくる可変透湿気密シート ●断熱の前に遮熱を！ ●断熱材によりたくさんの働きを！ ●熱容量がものを言う断熱性能 ●空気で暖房するのか 輻射で暖房するのか ●空気で冷房するのか 輻射で冷房するのか ●輻射パネル＋さまざまな熱源という夢の方式 ●輻射パネルの材質による放射効率の違い ●金属防水工法「スカイプロムナード」 ●「換気扇」から計画的な「熱交換換気」へ ●花粉・PM2.5対策はおまかせください ●「太陽光発電」「スマートハウス」「ZEH」って何？ ●安全で高性能の構造体を創る技術

6.「そらどまの家」事例編……77
●「日進町の家」(埼玉県さいたま市) ●「古川の家」(宮城県大崎市)
●「長久手の家」(愛知県長久手市) ●「スーパー mamaの家」(埼玉県春日部市)

7. 資料編［工務店・設計事務所・建材設備会社・モデルハウスリスト］……97
●怪傑ZEROプロジェクト参加工務店・設計事務所リスト
●「そらどまの家」の標準仕様・建材と販売会社リスト
●全国に広がる「そらどまの家」モデルハウス―見学可能な住宅・福祉施設

箱から住具へ 箱箱から環具へ

　立体最小限住宅としての「箱の家」の始まりは、建築家増沢洵の自邸でした。いわゆる9坪(3間×3間)ハウスのことです。それを、原型として進化させてこられたのが建築家難波和彦でした。1994年に始まり、その試みはいまもなお進化しています。無印良品の家「MUJIハウス」としても良く知られています。

　さて、今回の私の提案 ZIGZAG HOUSE は、日本の雁行プランを小住宅に活かそうという試みです。水平・垂直の視線の他に、斜めの視線とより多くの開放感、内外一体の平面計画などを取り込んだものです。

「箱の家」／建坪は、3間×3間＝9坪。9坪＋6坪＝15坪という総床面積である。3×4＝12本の杉丸太。きれいに6分割された立面。南側の大きな開口とスノコのテラス。吹抜けが居間になっており、その奥が寝室、2階が書斎と家事室である。細かいディテールは設けず、構造がそのまま表現になっているシンプルな家だ。規模は小さいが、とるべきところは思い切って空間を確保し、小ささを感じさせない。現在、江戸東京たてもの園にある《前川國男邸》(1942) も、スケールは大きいが、こうした爽快な吹抜けの居間があり、力強いシンプルさをもつ。増沢も前川も、レーモンドの事務所に在籍していたからではないか。(『新建築』1952年7月号／新建築社)

ZIGZAG HOUSE PROJECT

　四角形は表面積が小さく、建築的にはローコスト、省エネとなります。しかし、採光と通風については十分とは言えない側面があります。

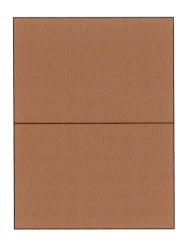

　雁行形は表面積が大きく、建築的にはローコストではなくなります。しかし、採光と通風については十分な面があり、蒸暑地域、アジアのモンスーン地帯では、このような形態が民家に好まれてきました。

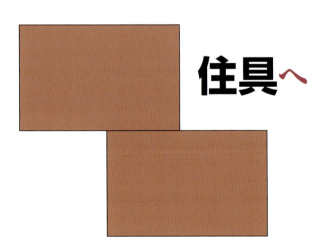

箱箱から 環具へ

　箱箱は、多くの分譲住宅地に見られる配置です。この配置ですと隣棟間隔が小さくなり息の詰まった、空間となります。視線の方向も、単純となり変化の少ない息の詰まった機械的な感覚になってしまいます。

　敷地を碁盤目状にせずに半分ずらすだけでも変化が生まれます。同じ条件でも配置を工夫するだけで、豊かな住環境をつくることができます。

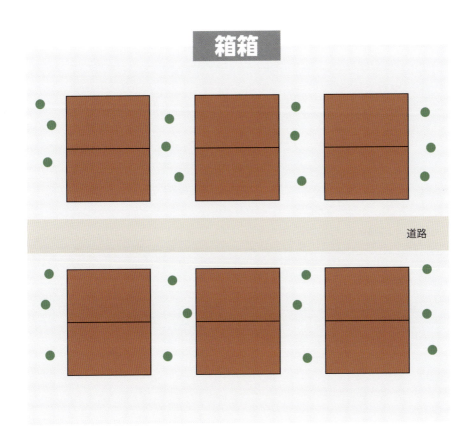

箱箱から 環具へ

　雁行形は、多様な方向性を持ちます。水平垂直の視線、斜めの視線をつくり出します。これらが合わさり、総合化することで、豊かな環境が生まれるのです。
　また、傾斜地にも各平面単位のレベルを変化（スキップ）させることで、どのような敷地にも馴染むことができます。土地を平らに造成してから建築する必要はなく、平面的にも断面的にも自然地形に馴染みます。

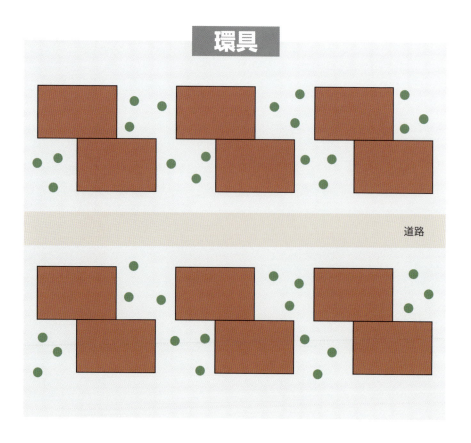

平安時代の「寝殿造」は
四面開放で通風採光は良好だった

　平安時代の「寝殿造」は、残念ながら現存していません。源氏物語絵巻などで想像するしかないのですが、前後の建築様式から復元なども行われています。

　図にあるように独立した入母屋造の分棟形だったようです。それ以後の武士社会における書院造りとは異なり、母屋と庇による単純な間取りでした。ワンルーム式と想像してください。各棟は渡殿という廊下によって繋がれています。夏は涼しいものの、冬はかなり寒かったのではないでしょうか。

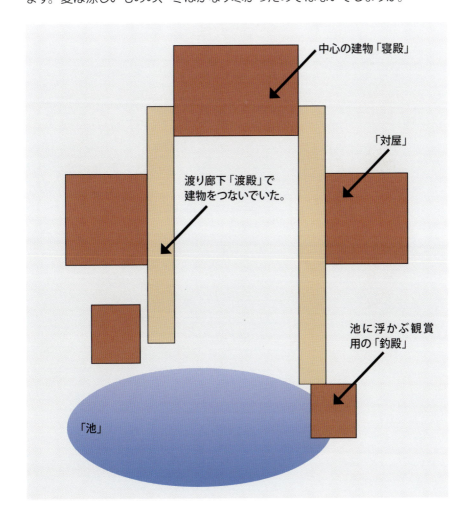

江戸時代初期の「桂離宮」は
「雁行」型の典型デザイン

　zigzagに歩くと90°に視線が変化しながら動いていきます。その度に景色は代わり、感動が絶え間なく続きます。そして、常に部分しか見えず、全体像は想像のみとなります。人間のイメージの中に全体像がつくられ、現実の建物以上に夢が膨らみます。それが雁行の秘技なのです。

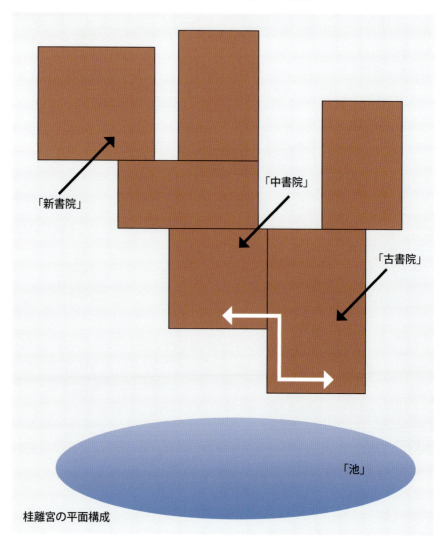

桂離宮の平面構成

桂離宮は高床です。その各部屋からは、視界に庭園が大きく広がります。また、地面から離れるため気持ちのよい湿気の少ない風が室内に入ってきます。
　また雁行によって分節化されるため、建物の大きさを感じることがなく「ヒューマンスケール」をつくることによって自然と良く調和しています。
　もう一つ大切なことがあります。それは、増築を重ねてつくられた結果の形が雁行という手法によって何の違和感もなく結果を形づくっているのです。

桂離宮書院群

「雁行」型の三溪園臨春閣

　三溪園は、横浜市中区にある庭園。17.5haの敷地に17棟の日本建築が配置されています。実業家で茶人の原富太郎によって1906年に造園され、現在は公益財団法人三溪園保勝会が運営しています。名称の三溪園は原の号である「三溪」から。2006年11月17日に国の名勝に指定されました。起伏のある地形に良く馴染んでいるのが雁行プランの特徴です。建築も棟が小さく分かれているので、変化に富み、自然のスケールとの調和がとれています。

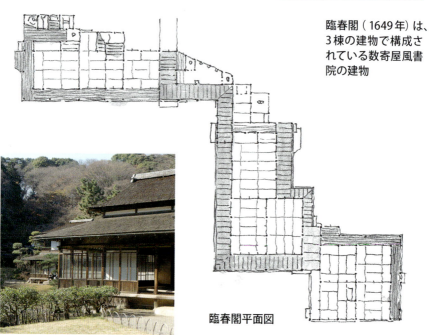

臨春閣（1649年）は、3棟の建物で構成されている数寄屋風書院の建物

臨春閣平面図

栗林公園　掬月亭
りつりん　きくげってい

　国の特別名勝に指定されている庭園の中で、最大の広さをもつ栗林公園は、松の緑濃い紫雲山を背景に6つの池と13の築山を巧みに配し、江戸時代初期の回遊式大名庭園として、すぐれた地割り、石組みを有し、木石の雅趣に富んでいます。

　南湖に浮かぶ掬月邸は、雁行するプランによって、より小さなスケールとなり、分棟化していることによって奥行きが感じられ、池と一体化している景観が特徴となっています。

掬月亭の名の由来は、唐の詩人・于良史の作「春山夜月」と題する詩の中の「水を掬すれば月、手にあり」の一句に由来する

掬月亭平面図

佳水園

　建築家村野藤吾による「佳水園」は、1959年竣工。設計：村野藤吾。戦前より長年、村野が設計に携わった都ホテル（現ウェスティン都ホテル京都）。その数寄屋造りの和風別館が〈佳水園〉です。醍醐寺三宝院を模したという白砂と苔による中庭を囲むように、敷地の高低差に沿って客室を巧みに配置しています。雁行する客室の銅板葺きの軽やかな屋根が幾重にも美しく重なるのが印象的。この屋根の極端な薄さは鉄骨を用いることによって実現しています。室内もカーペット敷きの玄関まわりやロビーの斬新な障子、変化に富んだ回廊など村野らしい創意に満ちています。伝統的な数寄屋の枠を超え、現代の材料や設備、生活様式を取り入れた自由な表現に、現代数寄屋の名手の粋が見てとれます。作家・井上靖をして「きれい寂び」といわしめた村野の和風建築の代表作のひとつ。小川白楊が作庭した庭園は京都市文化財に登録されています。（引用・資料：カーサブルータスHP）

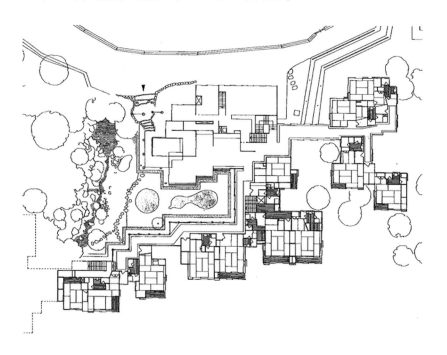

佳水園平面図

1 箱から住具へ 箱箱から環具へ

聴竹居
ちょうちくきょ

建築家藤井厚二は、「日本の気候風土に適合した住宅とはどのような住宅か」、「日本の自然素材をこれからの住宅にいかに取り入れるか」といった、西洋化一辺倒の時代思潮のなかにあって、日本の気候風土に適した住宅を、環境工学の視点から科学的に捉え直し、その在り方を追求しました。

竹中工務店を退職後に9か月ほど自身の研究のために欧米を視察し、その後京都帝国大学工学部建築学科の講師に呼ばれ、1920（大正9）年49歳で死去するまで教授を務めました。その間研究を重ねていたのが、5回にわたって建設された「実験住宅」と呼ばれる自邸です。その集大成がこの聴竹居です。この建物も、自然・外部環境と共生する雁行プランです。

聴竹居平面図

ファンズワース邸

　アメリカ・イリノイ州・シカゴ近郊の町、プラーノの自然に囲まれた敷地に建つ別荘。独身の医者であったエディス・ファンズワース氏が週末を過ごすために建てられました。1945～1950年にミース・ファン・デル・ローエによって設計され、1951年に完成した名建築です。

　およそ16.5m×8.8mの大きさをもつガラスに包まれた空間は、中央にシャワー室・浴室・暖炉・キッチンをコアとして、外部空間に大きく開いたものとなっています。庭園を囲む緑が壁という発想です。このプランで、感心するのは、アプローチの一段上がったステージのようなテラスです。建物と雁行したズレが、豊かな空間を生み出し周辺の森とよく調和しています。

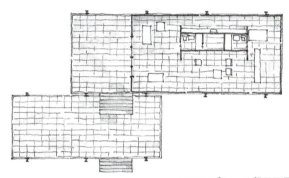

ファンズワース邸平面図

池田山の家

「池田山の家」は吉村順三の設計、担当は奥村昭雄でした。二人とも筆者（丸谷）の恩師です。吉村順三の住宅作品には、四角のプランもありますが、雁行プランも沢山あります。

とくに、この池田山の家は、奥村が京都の旅館「俵屋」の増改築に取り組んだあとの仕事でした。「京都で教えられた数寄屋建築、造園はかけがいのないものが沢山あった。その学びがこの家に詰まっている」という奥村の感慨をよく聞かされていました。その後、奥村の設計事務所で増改築計画をするなど、思い出深い住宅です。

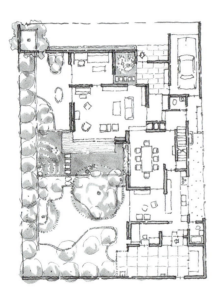

池田山の家平面図

吉田五十八自邸

「吉田五十八の自邸」は、戦後の復興住宅としての12坪制限から始まり、その後増築を重ねてでき上がったものです。桂離宮と同じです。しかし、増築してつくりあげたとは思えないほど、それぞれの部屋の配置に深い意味が込められています。一番陽の辺りの良いところが応接室・客間。その隣が茶の間、写真にあるように雪見障子のある茶室は、落ち着いた光のある佇まい。さらに、奥の動線の終着点に書斎があります。庭園計画と間取りが一体化している秀作です。

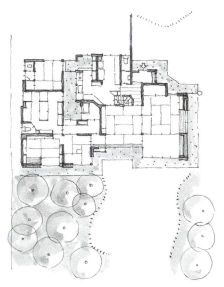

吉田五十八自邸平面図

「雁行プラン」で住宅空間を作る福岡県 **「須恵の家」**

　日本のデザインの特徴「雁行」するプランの典型としてこの家を設計しました。南から見ると、居間食堂が東南の角、続いて玄関も東南の角、さらに主寝室が東から西へと繋がって行きます。北側を見ると、まずはキッチンが北西の角、続いて和室が北西の角、さらに浴室が一番端の北西の角に配置されています。家の内側から見ると不思議なくらいに、閉鎖感がなく、開放感があり、明るい室内となっています。

　2階には、壁で囲われていない階段がまずあり、大きく吹き抜けた2階ホール（将来の子供部屋）へと繋がっていきます。そのホールから、福岡市内が遠く望める大きなバルコニーがあります。また、キッチンの上には予備室があります。1階の和室は、キッチンの脇に配置して、乳児を寝かせながら安心して家事を進めることができるようにしています。時折り手伝いに来られる母親の寝部屋にもなります。家の中で様々に展開する多目的室がこの和室なのです。

（設計：丸谷博男）

須恵の家平面図

2D-ZIGZAG HOUSE PROJECT
平面的なZIGZAG HOUSE 〈雁行型プラン〉

核家族、3世代家族
壮年期の夫婦と高齢者の同居など
多様な家族形態に対して
「雁行形」の住宅プランを
つくりました。

●

通風と採光
さらに屋上緑化をつくることにより
2階にも3階にも
庭園のある
爽快な環境をつくり出しています。

●

さあ、皆さんのご家族の暮らしが
実現できる
住まいを探しましょう。

平面的な ZIGZAG HOUSE〈雁行型プラン〉

2D-ZIGZAG HOUSE PROJECT A

2D ZIGZAG HOUSE A-type

- コンセプト1　雁行プラン
- コンセプト2　屋上庭園
- コンセプト3　1世帯＋多目的和室

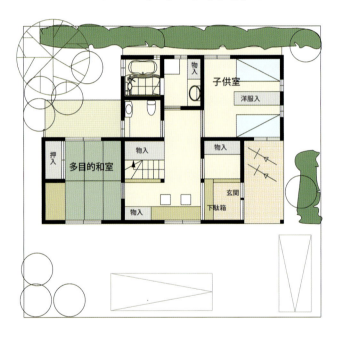

1st floor
延べ床面積 115.94㎡（35坪）

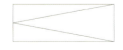

道路

夫婦と子ども、一家族の家です。1階に和室がありますので、祖父母との同居も可能です。ここでは、2階リビング、屋上庭園という暮らしの豊かさを強調してみました。
　「雁行」型プランの特徴で、その部屋も採光と通風に恵まれています。幼児がいる子育て期の場合にも2階の屋上庭園は、安心して遊ばせておくことができます。

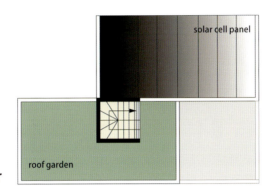

roof floor

2nd floor

2D ZIGZAG HOUSE A-type　立面図

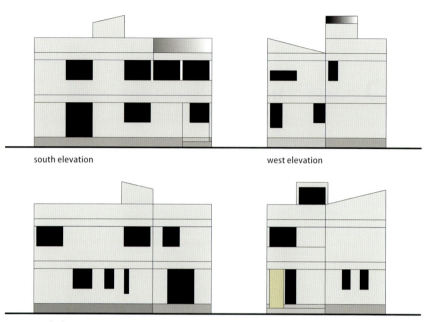

south elevation

west elevation

north elevation

east elevation

（屋根のデザインは自由に変更できます）

平面的な ZIGZAG HOUSE〈雁行型プラン〉

2D-ZIGZAG HOUSE PROJECT B

2D ZIGZAG HOUSE B-type

- ■ コンセプト1　雁行プラン
- ■ コンセプト2　屋上庭園
- ■ コンセプト3　2世帯

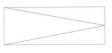

道路

1st floor
延べ床面積 **142.359㎡（43坪）**

夫婦と子ども、そして祖父母の二世帯住宅です。2階リビングを中心に、光あふれる暮らしが展開していきます。屋上へは安心して行ける室内階段でつながっています。
　LDKも家族全員がそれぞれにくつろげるようにゆったりとしています。1階の子どもたちのための学習コーナー、2階の書斎コーナーとIT社会に対応した作業・学習スペースも充分にとっています。収納も可能な限り確保しています。

roof floor

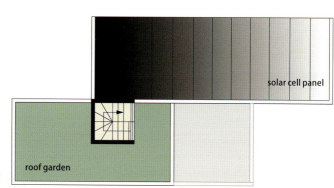

2nd floor

2D ZIGZAG HOUSE B-type　立面図

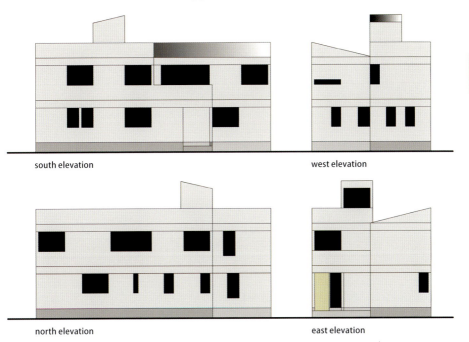

south elevation

west elevation

north elevation

east elevation

2　平面的なZIGZAG HOUSE〈雁行型プラン〉

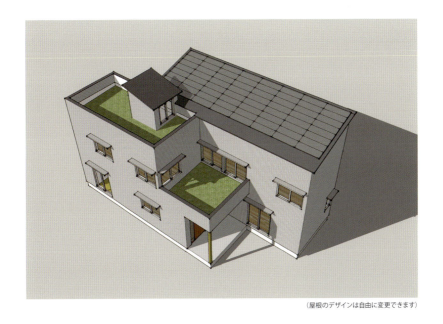

（屋根のデザインは自由に変更できます）

平面的な ZIGZAG HOUSE〈雁行型プラン〉

2D-ZIGZAG HOUSE PROJECT C

2D ZIGZAG HOUSE C-type

- コンセプト1　雁行プラン
- コンセプト2　屋上庭園
- コンセプト3　介護型2世帯

1st floor
延べ床面積 125.871㎡（38坪）

子育てが終わった夫婦と祖父母の二世帯住宅です。両親の暮らしを中心に、1階LDKで構成しています。収納もたくさんあり安心して暮らせる間取りです。ルーフガーデンは、父母の部屋の階上につくり、和室と一体化したリッチな空間になっています。客室でも、友人知人たちと楽しむ空間として活用できます。

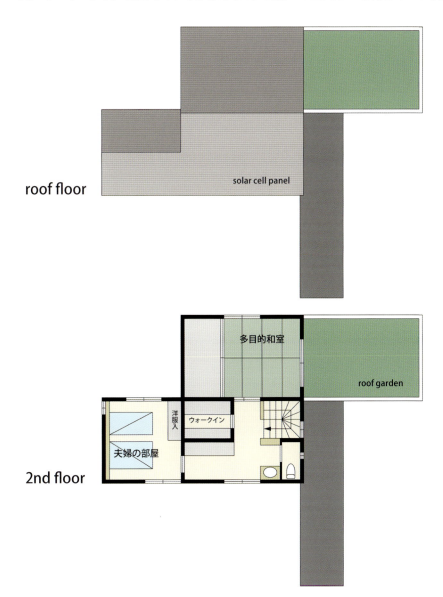

2D ZIGZAG HOUSE B-type 立面図

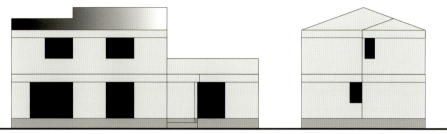

south elevation

west elevation

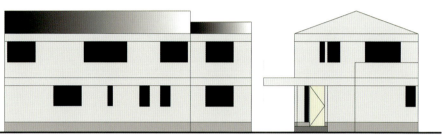

north elevation

east elevation

（屋根のデザインは自由に変更できます）

平面的なZIGZAG HOUSE〈雁行型プラン〉

2D-ZIGZAG HOUSE PROJECT D

2D ZIGZAG HOUSE D-type

- ■コンセプト1　雁行プラン
- ■コンセプト2　屋上庭園
- ■コンセプト3　介護型2世帯

1st floor
延べ床面積 111.622㎡（33坪）

道路

夫婦と祖母祖父の二世帯住宅です。Cプランをさらにコンパクトにしました。それでも、2階の多目的和室は、孫や子どもたちが帰郷した時の寝床にできます。また多目的室にすることも可能です。ルーフガーデンは、祖父母の部屋の真上にあり、和室の昼間は、他の目的に使うことができます。

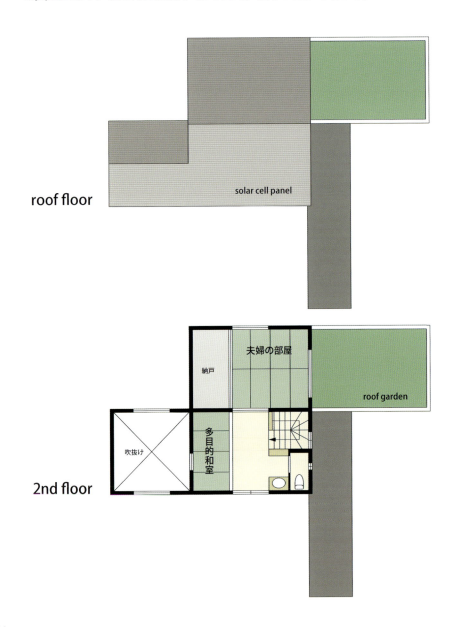

2D ZIGZAG HOUSE C,D-type　立面図

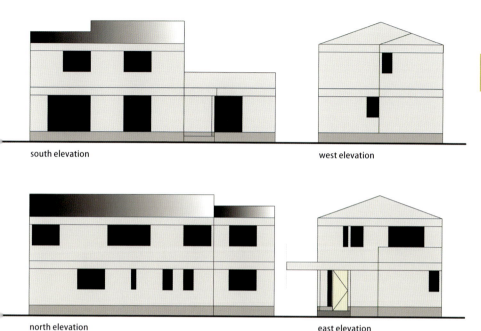

south elevation

west elevation

north elevation

east elevation

2　平面的なZIGZAG HOUSE〈雁行型プラン〉

（屋根のデザインは自由に変更できます）

平面的なZIGZAG HOUSE〈雁行型プラン〉
2D-ZIGZAG HOUSE PROJECT E

2D ZIGZAG HOUSE D-type

- コンセプト1　雁行プラン
- コンセプト2　屋上庭園
- コンセプト3　1世帯・3階建

1st floor
延べ床面積 125.88㎡（38坪）

道路

夫婦と子どもの一世帯住宅ですが、敷地がゆったり取れる地方の住宅に向いたプランです。車社会に適した1階回りの車庫スペースがたっぷりとあります。木造3階建てです。屋上庭園もあります。茅葺き屋根に負けない涼しさを創出しメンテナンスの楽な屋根になります。

2 平面的なZIGZAG HOUSE〈雁行型プラン〉

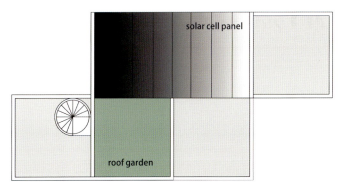

roof floor

3nd floor

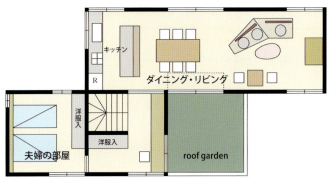

2nd floor

2D ZIGZAG HOUSE E-type　立面図

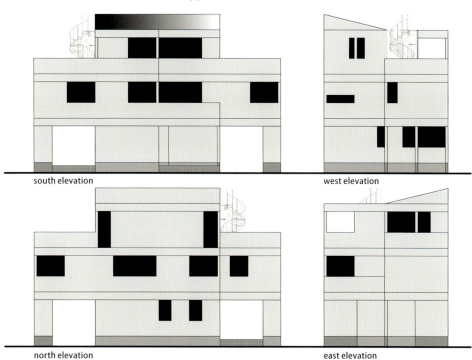

south elevation

west elevation

north elevation

east elevation

（屋根のデザインは自由に変更できます）

3D-ZIGZAG HOUSE PROJECT
立体的な ZIGZAG HOUSE SKIP FLOOR〈HOUSE Q〉

「雁行」プランは平面
それを立体的に表現すると
どうなるのでしょうか。

●

もう一方で
CONPACT HOUSEの姿を
求めてみたい！

●

四間角の家
7.280 square metreの家に
挑戦しました。

●

それが
3D ZIGZAG HOUSE PROJECT
「HOUSE Q」
です。

3D-ZIGZAG HOUSE "HOUSE Q"は平面が四角でも、立体的にはスキップフロアーの空間です。全体が流動的でオープンな空間であるため、次から次へと繋がっていく空間です。「非日常的空間」と言っても良いかもしれません。こども心に近い、ドキドキする驚きと楽しみが広がります。自然風や自然光が家の中を楽しく駆け巡る家です。

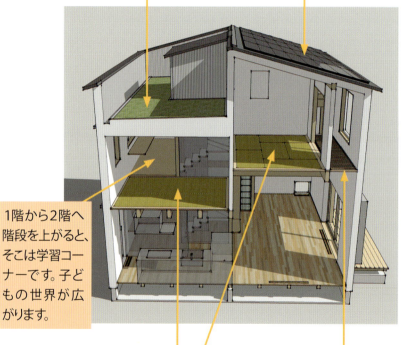

屋上庭園では、バードウォッチング、バーベキュー、プールで水遊び、何でもできそうです。

ZEH（ゼロエネルギーハウス）は太陽光発電パネルで使用電力を補います。

1階から2階へ階段を上がると、そこは学習コーナーです。子どもの世界が広がります。

西側のぬ部屋の個室。床は畳でも、フローリングでも可能です。気分転換に変えることも住み手ができます。

ここは格子材のスノコ床。歩くことができて、風と光が通る「広縁」。たくさんのコミュニケーションが生まれるでしょう。

3D-ZIGZAG HOUSE PROJECT
立体的な ZIGZAG HOUSE = SKIP FLOOR

HOUSE Q

3D ZIGZAG HOUSE " HOUSE Q "
prefer quality to quantity 「量より質を選ぶ」

- ■コンセプト1　スキップフロアー（立体雁行プラン）
- ■コンセプト2　屋上庭園
- ■コンセプト3　1世帯

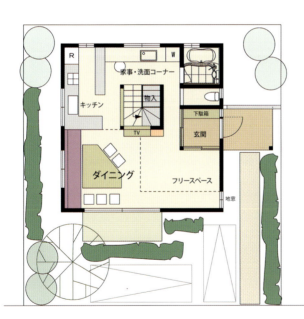

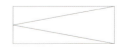

1st floor
延べ床面積 102.69㎡（31坪）

道路

roof floor

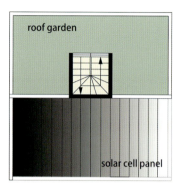

2nd floor

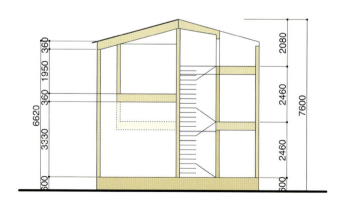

- ■屋根／ガルバリウム鋼板瓦棒葺き
    ＋通気層（イーストルーフ通気メタル）＋透湿ルーフィング＋野地板杉12t
    ＋遮熱シート「ラミパックSD-S」4t＋ウッドファイバー（100t＋α）
    ＋可変透湿シート「インテロ」
- ■外壁／ガルバリウム鋼板山型デッキ　タニタハウジングウエア「zig」
    ＋遮熱シート「ラミパックSD-S」4t＋横胴縁＋防水透湿シート
    ＋orバウビオN 25t（orハイベストウッド9t）
- ■断熱材／ウッドファイバー100t
- ■内壁／可変透湿シート「インテロ」＋バウビオT 15t
    ＋AEP orルナファーザー（エコフリース）
- ■RC基礎＋内断熱　押し出し法ポリスチレンフォーム50t
- ■サッシ／アルミサッシor樹脂サッシ＋Lo-Eペアガラス
- ■そらどま換気（自然エネルギー利用熱交換換気システム）
    ＋輻射冷暖房（orパッシブエアコン）
- ■屋上緑化／スカイプロムナード＋OSORAリビング

3D ZIGZAG HOUSE Project "HOUSE Q"　立面図

east elevation

north elevation

west elevation

south elevation

ガルバリウム鋼板の外壁イメージ

■断熱・遮熱外壁で内部環境をしっかり守る

タニタ・ガルバリウム鋼板「zig」+ 遮熱シート「ラミパックSD-S4t」

■F.L.Wrightの提案した　ユーソニアンハウス

　ライトのFalling Water（落水荘1936）以後の後期の住宅は、前期のプレーリー住宅（草原住宅）と区別してユソニアン住宅と総称。しかし、その中でもとくに、ライトは新しい手法によって造った一般的な家族のための手ごろな価格のコンパクトで魅力に満ちた小住宅群をユソニアンハウスと名づけています。1936〜1943年にLusk邸（1936）で計画され、Jacobs邸（1937）で初めて実現し、58あまりが建築されました。

　それぞれの家は敷地の性質と施主の要求にあわせて設計されましたが、共通のディテールと工法が繰り返し用いられていて、それはもっと予算をかけた特別な住宅にも共通しています。ライトはこれをGrammar（文法）と呼びました。

　ユソニアンハウスは革新的な工法であったため、多くの家は、ライトの3年目以上の弟子がタリアセン（アリゾナとウィスコンシンにあるライトの工房）から派遣され現場に常駐して施主の直営方式として建てられるか、またはユソニアンハウスの建築に慣れたハロルド・ターナーらのマスタービルダーによって建てられました。

　箱型の慣習的な住宅の工法にとらわれず自由に造られたこれらの住宅は、建てられてから半世紀以上の時間を経た現在もなお魅力に満ちています。ユソニアンハウスは、いまだに一般には実現していない未来に属する究極の住宅と言えるでしょう。

〈ライト50年記念事業より引用〉

■丸谷博男の提案する　ZIGZAG HOUSE

　ZIGZAG HOUSE PROJECTのデザイン手法、その原点は、夏は蒸し暑く、冬は木枯らしが吹きすさぶ除湿冷房と加湿暖房を必要とする地域に対応するものです。

　高気密、高断熱、ZEHの話題で終始している日本の住宅の中で、現代住宅に欠かせない機能を総合的に提案する必要を感じ、「そらどまの家」を2010年より、発信してきました。

　その中で最も重要なこととして気付いたことは、歴史的にはけっしてやってこなかった「空気を閉じ込めた壁の問題」です。言い換えると「制御できない壁体内の問題」に対して、カビが生えないようにする工法の必要性でした。断熱・気密することと裏腹の功罪です。

　健康な住宅づくりはそこから始まり「そらどまの家」の躯体が出来上がりました。その次に気付いたことは、空気の温度を上昇させて暖房すると乾燥してしまうこと、また空気の温度を下げて冷房すると高湿になること。この矛盾を解決するのは、輻射暖冷房しかないという気付きでした。さらに、必要なことは冷房時には適度な通風が同時に必要であることでした。その通風のエネルギーは、室内空気の換気に使っている換気扇です。これを効率よく使うことが、まさに室内の空気調整となることが見えてきたのです。

　その換気扇は、熱効率の良い熱交換換気扇を使います。そして、冬には屋根集熱、夏には放射冷却＋除湿という自然エネルギーを活用した仕組みが出来上がったのです。

　さらに今回のZIGZAG HOUSEの提案は、「そらどまの家」の基本要素に加えて、「日本の伝統的な知恵」を反映した間取りと住宅全体のあり方に対する提案となっています。

1	目に見える屋根は高価であり、どうしても必要なものではない。	1	メンテナンスしやすく、土＋緑化をすれば地球環境に優しい「新しい大地」を屋根が創り出す。
2	ガレージはもはや不要であり、十分な屋根と二面の壁を持つカーポートでこと足りる。	2	耐久性が増した車は、裸のカーポートでも大丈夫。予算と建ぺい率に余裕があれば屋根だけでもつくる。
3	ボイラーと燃料のためを除いて、地下室は不要である。	3	建築費用が倍以上かかる地下室は必要なし。基礎に囲まれる床下空間を室内化し活用する。
4	室内の額縁、見切り縁などは不要である。	4	余分な工程と材料を省き、必要な所に費用をあてがう。
5	暖房用放熱器および照明器具は不要である。照明は配線をそのまま生かして、天井面および下方を照らす間接照明とし、その他床におくスタンドのためのコンセントがあればよい。暖房は温水床暖房とする。	5	暖冷房はもっとも効率的で快適な輻射式暖冷房方式を採用する。床暖房（局所暖房）は健康によくないことと、冷房はできないため採用しない。
6	家具や絵画や飾り物などは不要である。	6	照明はLEDランプを主体とし、照明器具には予算をかけず、建築の床・壁・天井を反射面として活用する建築化照明で行う。
7	塗装は不要である。透明の樹脂オイルを塗るだけで十分である。コンクリートの床マットにはワックスを塗る。	7	塗装は汚れ止め防止のために行い、透明浸透型塗材を使用する。ボードの塗装はアクリルエマルジョン塗装でよい。
8	左官の仕事は不要である。	8	土壁がもっとも理想的な壁材。左官の文化は大切にしたい。シックイ、ケイソウ土壁を使用する。
9	雨樋は一切不要である。	9	日本の住宅では雨樋は欠かせない。排水に注意する。
		10	断熱材は、壁体内・室内を調湿し、内部結露を起こさないウッドファイバーを使用する。また防音性能にも効果がある。
		11	断熱材だけではなく、遮熱材を使用し夏冬の断熱性能を倍加する。
		12	冬の寒さだけではなく、蒸暑地域に欠かせない調湿性能を実現するために、調湿材または土壁を使用する。

HOUSE Q の立体図

west elevation

east elevation

south elevation

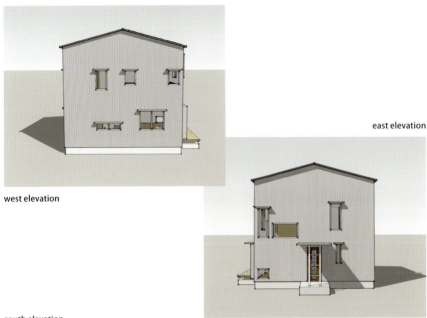
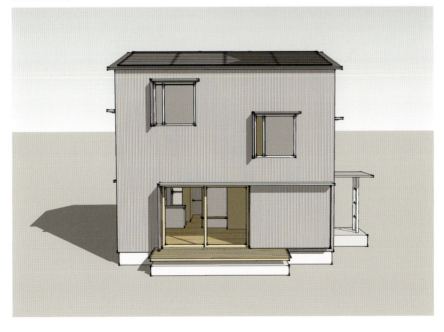

3 立体的なZIGZAG HOUSE = SKIP FLOOR〈HOUSE Q〉

HOUSE Q の立体図

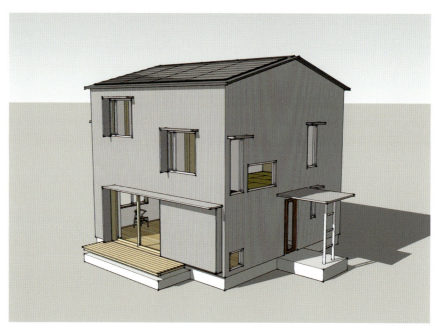

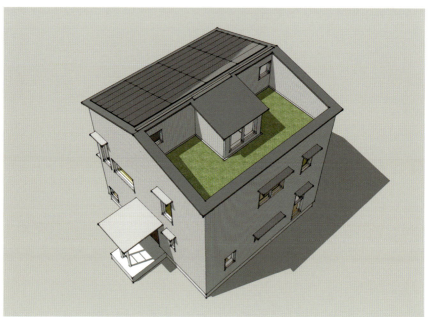

快適な家のつくり方

　この章はこの本で一番大切なことを読者の皆様にお伝えするものです。家づくりで最も大切なこと。これには本当にたくさんのことがありますが、ここでは「人間の五感」に対応する住まいのあり方、デザインのあり方を7つの項目に分けて述べておきます。

❶ 輻射環境と「木」「土」「草」という自然建材

❷ 床暖房神話は低気密低断熱の遺産

❸ 体感温度は気温だけではない

❹ 調湿が健康の元

❺ タイル張りのテラスから輻射熱が来る

❻ 人に優しい音環境が人を優しくする

❼ 内外一体空間で家が広くなる

快適な家のつくり方❶

 古民家は隙間だらけで寒い?

　確かに隙間風は寒いですね。
　窓のサッシを木製でも充分に気密を良くできます。戸車とレールの関係、サッシとサッシとの召合わせの関係を改善すれば現代の高性能木製サッシになるのですから。さて、サッシを変えるとどうなるか。まずは、隙間風が無くなります。
　その典型が「蔵」ですね。気密が良く、本当に部厚い土壁で囲まれています。この巨大な熱容量があることにより、外気温が毎日昼間に上昇し夜間に冷え込むという温熱環境を和らげ、変化の少ない安定した環境をつくるのです。
　蔵には熱源がありませんので、ここに熱源を入れます。そうすると驚くような変化が生まれます。寒暖の少ない安定した室温となるのです。
　長い間、私たちの祖先は、隙間だらけの民家に住みながらも健康に生きてきました。その秘密が、建材に使われている「木」「土」「草」「紙」でした。これらの材料は、輻射熱に対して放射率(＝吸収率)が大変良いのです。ほとんどのものが90％以上の数値を示します。これによって、囲炉裏の焚き火や、火鉢の炭から発せられる遠赤外線を吸収し、放射していくのです。これは隙間風によって影響されることのない熱作用です。
　ですから、隙間をなくした古民家の温熱性能は大変素晴らしいことが解るのです。この原理は現代住宅に取り入れることができます。

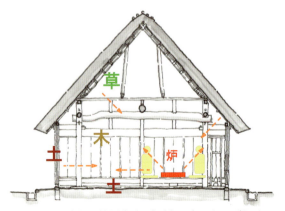

古民家の建材は放射率(吸収率)の高いものばかり

快適な家のつくり方❷

 床暖房は一昔前の常套手段。
ヒートショックのない家づくりは輻射環境から!

　高気密高断熱の家になった今も、床暖房神話が年配の方に信じられています。しかしながら、高気密高断熱の家には床暖房は必要ありません。

　一昔前の家は、断熱が不十分でしたので、天井・壁・床の表面温度が10〜15℃ととても寒かったため、身体の熱が輻射で天井・壁・床に奪われていたのです。そのため、私たちは着込んで熱が奪われないようにしていましたね。靴下も厚いものを使用していました。そこに、救世主のように感じたのが床暖房でした。

　考えてみると、かなり残酷な状況でした、足の裏だけ30℃以上にして救いを感じていたのです。脳溢血になっても不思議でない環境でした。

　症例に寄ると、身体の温度環境に大きな差があるために自律神経失調症になる方もいたようです。これは、夏の冷房にも言えることです。足下に冷気が集まり腰から下が冷えている。そして、天井や壁、さらには窓からの暑い輻射熱。この環境も自立神経失調症となる可能性が多いのです。やる気がでない、体がだるいという症状があらわれます。

高断熱高気密住宅に床暖房は必要ない! 大切なことは、天井・壁・床が24℃前後で同じ温度であること。

快適な環境は床・壁・天井が24℃前後

快適な家のつくり方❸

 ## 体感温度は室温ではない！

　人体の体感温度とはどのように考えられるでしょうか。それは、下記のように整理できます。

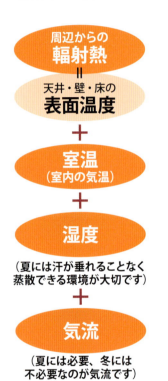

　室内温度計では室温しか計れませんが、最近は輻射温度計も格安になり気軽に手に入れることができます。家中の表面温度を測ってみてください。驚くことがたくさんあります。窓ガラスは、冬10℃以下、夏の南面では35℃以上などなど。これでは、寒いし、暑いのは仕方ないなあ〜と実感できます。
　また、風がないと夏には蒸し暑さを感じますし、風があると冬には体感温度が下がります。高気密高断熱の家になっても、気流の計画は大切なのです。

気温	相対湿度	風速	体感温度
20℃	59%	0.0m/sec	20.0℃
20℃	59%	0.3m/sec	18.1℃
20℃	59%	1.0m/sec	16.0℃
20℃	59%	5.0m/sec	12.0℃
20℃	20%	0.0m/sec	18.4℃
20℃	90%	0.0m/sec	21.3℃

快適な家のつくり方 ❹

 ## 調湿力が弱くなってしまった現代住宅！

　適度な湿度は、体感温度にも、肌の健康にも良いことが理解できましたでしょうか。さらに病原菌やカビによる感染の問題が湿度にはあります。

　下記の表はよく使われるアメリカ空調学会によるものです。とても不思議なことなのですが、人間にとって快適な相対湿度は40〜50%（アメリカ人との違いで日本人にとっては50〜70%と考えています）が病原菌やカビの発生が少ないのです。これは、そのような湿度に適した人間が「繁殖」してきたということなのかと理解しています。

　さて、設備機械を使って調湿する方法がありますが、それはけっこう難しいことなのです。また、エネルギーの浪費にも繋がります。

　一般的に除湿する場合には、空気を冷却して結露させ、再度加熱して室内にその空気を戻すことになるからです。また、加湿する場合には、水を加温して蒸発によって加湿するか、超音波の震動で水を微粒子化して空気中に放出するのですが、後者の場合には水道水に含まれる塩分も空気中に放出されてしまうため、人間だけではなく、他の設備機器の障害の原因ともなるためお勧めできません。

　ということから、調湿は建材の選択でなんとかしようと考えつくっているのが「そらどまの家」なのです。

　考えてみれば、土と木と草と紙でつくってきた古民家は、しっかりと調湿できていることが最近の調査で明確になっています。「自然素材でつくる家」の凄さはここにもあるのです。

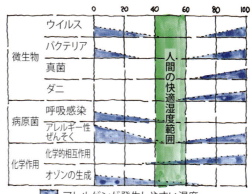

 アレルゲンが発生しやすい湿度

（出典：ARHRAE 論文）

人間の快適性と健康に最適な湿度範囲

快適な家のつくり方❺

 **南側にテラスやベランダをつくると
熱風が家の中に入ってくる！**

　これはコンクリートとアスファルトに囲まれた都市のヒートアイランド現象と同じ原因です。一昔前までは、タイル張りのテラスがあるのが庶民の夢となっていたことがありました。私もそのような設計をよくしていました。

　昼間に蓄熱されたテラスは、せっかくの自然風を熱してしまいます。窓を閉めていても、風がなくてもテラスからの輻射熱は容赦なく人体と室内に押し寄せてきます。火照るような暑さがその現象です。

　現代では、このような設計はしません。照り返しのないように蓄熱するものは避け、できれば気化熱作用で逆に冷却する材料を選びます。芝生と土が良いですね。ウッドデッキもけっこう熱くなります。裸足では熱くてウッドデッキに乗れませんね。

　よくある2階のバルコニーも要注意です。床面に直射光が当たらないようにする工夫が必要です。あるいは、土を載せて屋上庭園として利用することです。土を載せて緑化するのです。こうすれば、古民家の茅葺き屋根のように涼しさが実現します。植物と土の蒸散による気化熱冷却の力が発揮されるからです。

　緑のカーテンも、同じような自然現象を利用している生活の知恵です。

1階に寝室（和室）のある屋上を緑化

快適な家のつくり方 ❻

 今、一番気になる音環境！これに対応した環境をつくれば、心安らかな暮らしが実現！

　今一番気になるのがマンションです。床はフローリング、壁は石膏ボード厚12.5mmにクロス貼り、天井も同じか、上階の床コンクリートに下から直に塗装、というケースもあります。これでは、家族で暮らすには音環境としては反響が大きく、すぐに疲れてしまいます。音源の多くなっている現代生活には向いていません。

　40年前までは、黙っていても大工さんたちは「吸音テックス」と呼ぶ天井材を張っていました。それは、吸音効果があったからです。今でも公共施設では必ず吸音天井材を張っています。そして、最近では戸建ての住宅でもマンションのように、天井に吸音材を貼ることなくクロス仕上げにしている所が多くなってしまっています。悪い方へ悪い方へと何故か向かっているのです。その原因はコストダウンです。消して性能向上のためにやっているのではありません。それでは何のための家づくりなのか解らなくなってしまいます。

　考えてみると日本の伝統的な和室、これは音響的に大変優れています。土壁や和紙の襖紙や障子紙は音を柔らかに吸収し、乱反射します。天井板は本来薄い板でできていますので板震動によって低音を吸収します。いよいよ畳です。これは、申し分なく吸音効果大ですね。なんと素晴らしい音環境でしょうか。

　和室が住宅の中から消えてしまった現代住宅ですが、音環境の伝統技術はしっかりと学んでいきましょう。

音はもちろん、見た目にも愛しい和室

快適な家のつくり方❼

屋内と屋外をつなげると
暮らしの場が魅力的で広くなる！
昔から使用にしていた軒先空間を大切に！

　家をつくる時にとても大切なことがあります。それは、家を壁の内側だけで考えないことです。つまり、庭や車庫、玄関アプローチ、濡れ縁、ウッドデッキも一緒に暮らしの場として考えることです。暮らしの場は、けっして壁の内側だけではないからです。軒下でも雨の時に子どもが雨水が落ちるのを見て遊んでいたり、縁の下でアリ地獄を見て遊んでいたり、一昔前には家の周りに魅力的な場所がたくさんありました。

　家の周りを設計に取り込むと小さな家でも、大きな家になります。そして、これは単にデザイン的なことだけではなく、春夏秋冬のある日本の暮らしには欠かせないものだったのです。とくに夏の暑さには、北庭からの涼しい風を呼び込み、軒下の縁側で夕方を過ごしているうちに、昼間暖まっていた家が風を入れて冷やされるのを待つというひと時がありました。路地では縁台が出され近所の方々の憩いの場ともなっていたのです。懐かしい風景ですね。

　デザインの面からさらに申し上げますと、次のようなテクニックがあります。

- 内外の壁の材料を統一し、内壁と外壁を連続させる
- 内天井と外の軒天井をつなげて一体化する
- 内部の床材と外部の床材を統一してつなげる
- 内部の照明と外部の照明を同じものにして一体感をつくる
- ウッドデッキ（テラス）に内部から見えるようにベンチを設けると一体感が生まれる
- ウッドデッキ（テラス）に壁をつくり囲うとインテリアのような感じになる

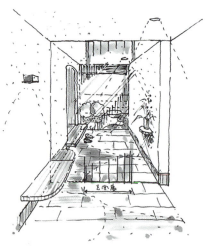

室内のベンチと屋外のベンチを連続して、内外を一体化

万人が使える家づくり
「そらどまの家」

　夏冬の結露・多湿化により、通風の取れない壁の中にカビが発生しやすい、床下のコンクリトや木の床下構造体に結露が起きやすくカビや蟻害の原因となっている、気密が良くなり室内の空気が新鮮でない、音源が沢山ある現代生活に対して音が響きすぎる、子供が家に閉じこもりがち、など現代住宅の多くの課題に対して、改善策を提案しているのが「そらどまの家」です。

　出発点は、3.11東日本大震災による価値観の大きな転換でした。あの出来事が筆者らの考えや行動を大きく変えたのです。今では、現代住宅を日本の家づくりの王道に戻そうと改善策を広くお伝えしています。それがどのような仕組みなのか、どのようなつくり方なのか、これから解説して行きます。

住み手と作り手によるパッシブな家づくり

「**そらどま**」は
その輻射熱を住まいに採り入れ
その輻射熱で採暖採涼をします。

太陽の恵み「**そら**」の熱と地球の恵み「**どま**」の熱を
両手両足を背一杯広げて受取る仕組みです。

そして、人と住まいの健康の素
「呼吸する家」をつくります。

「**そらどま**」＋「**呼吸する家**」＝「**そらどまの家**」

「そらどまの家」はすべての住まい手と作り手に開かれた工法です。
フランチャイズではありません。普及すること、そして自分流の味付けが
できてこそ、自分が使えるシステムと言えるのではないでしょうか。

そして、大切なことは フランチャイズのように一つのシステムを全国に
普及しようというものではなく、その土地の微気候、それぞれの工務店の
工法や技術力にふさわしい、きめの細かいパッシブな家づくりを創案し、
広く皆さんのものにしていただこうというものです。

このような考えこそがパッシブデザインの本質と考えています。
このような考え方に共感していただける住み手、設計者、そして工務店の
皆さんとともに家づくりをすすめようと呼びかけています。

「**そらどまの家**」は、
変幻自在な「**新民家**」です。

竪穴住居から始まる住まいの歴史に学ぶ
──「蓄熱、遮熱、気化熱」を秘めた民家の知恵

　外気温が12時に27℃。この日は晴れたり曇ったりの天気であまり気温は上がりませんでした。この時の室内環境は、22〜25℃です。人間の体感温度は、[気温＋輻射温度]／2と言われていますので、23〜24℃位で過ごせています。まったく冷房はありません。
　屋根面の温度が40℃なのに、茅葺きの裏面は24℃です。屋根裏が涼しいのです。

■建物の周囲をコンクリートやタイルで覆わないこと、水分が出入りできる吸水性のあるものにすること。気化熱によって温度上昇を防ぐことができます。それは、夏に涼しい風を室内に呼び込むことにもなります。

■屋根を防水材で覆った現代住宅は、屋根からの日射熱をまともに受けてしまいます。茅葺き屋根の知恵を、現代に生かすには、屋上緑化がもっとも導入しやすい。木造でも安心して使えるのが30年保証のある「スカイプロムナード」です。

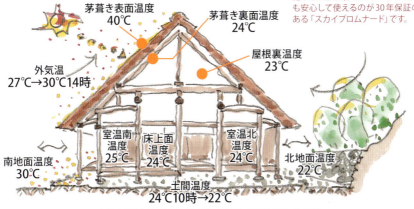

川崎市立日本民家園「旧鈴木邸」2013年9月14日12：00実測

■茅の吸湿性が気化熱を、土壁や土間の土が気化熱を、そして土にはさらに蓄熱力があり、外気温が徐々に上がっていっても室内温度はほとんど動かないのです。逆に、気温が上がるために気化熱が促進され、土間は10時の測定に較べ12時では2℃も下がっていました。不思議なことが起きているのに驚かされました。

　「土間は夏涼しく、冬暖かかった」。そんなお年寄りの言葉が今でも響きます。
　地球上の動物たちは、寒い冬をどのように過ごしてきたのでしょうか。その知恵に学んで見ましょう。南北を大きく移動しない動物たちのほとんどは、冬の寒さから身を守るために竪穴や横穴に入り、地球の地熱の加護を受けていたのです。
　この温かい地中熱を見い出せなかった動物たちは、冬の寒さに負けて土に帰っていったに違いありません。私たちの先祖は、越冬にことごとく成功してきたのです。
　本当にありがたいことです。命の神秘です。
　すぐに電気や石油やガスで、人工的に熱をつくり自分たちの都合のよい環境を得ようとした結果は、地球の温暖化を急速に加速してしまったのです。
　本来、人間は愚かさよりも賢さが上回ってきたはずです。

「そらどまの家」は
万人が使える家づくり
地球と共生する 万人が使える家づくり

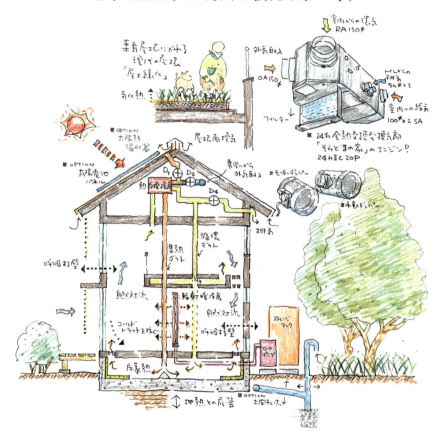

　もっともシンプルで、もっとも安価な「エコハウス」を追求しました。
それは、市販品を使ってのアセンブリシステム。だれもが当たり前に使えるものです。
それが「そらどまの家」の哲学、「シンプルで使いやすく、賢い家」です。
　自然エネルギーを最大限に利用しますが、どうしても必要となる補助熱源は、叡智を集めて選択し提供しています。もっともお勧めしたいのは「輻射式冷暖房」です。
　地域の気候、風土によって答えはさまざまですが、大切なことは住み手と一緒に考えることです。「あてがう」技術ではなく、「あつらえる」技術です。設計の目標は、夏の冷房を動かさなくても気持ちよく暮らせる環境です。そのために有効な技術が、遮熱と調湿なのです。いずれも、高気密高断熱の技術には、掲げられていない健康の素となる技術です。木と土と草と竹で造ってきた古民家には、欠かせない知恵と技術でした。今、改めて「そらどまの家」に取り入れています。

「呼吸する壁」が壁体内の中と室内を健康に！

壁の呼吸を止める気密シートから可変透湿気密シートへ変更する

 は　室内湿気の壁体内への侵入を防ぎ

 は　壁体内に溜まる水蒸気を室内に排出する

■現状の壁は課題を抱えたまま

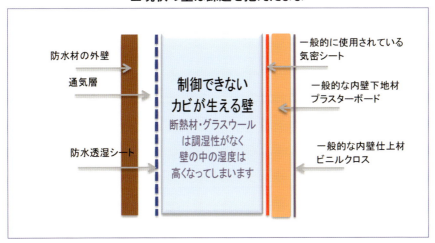

■課題を解決した「そらまどの家」の壁

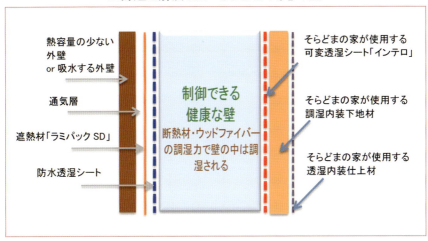

家と住み手の健康をつくる
可変透湿気密シート

■冬の対策をしてきた北海道型の「北の技術」だけでは対応できません

　1973年の第一次石油ショック、1979年の第二次石油ショック、一連の気付きの中で地球温暖化の問題が提起されてきました。ところが「断熱の強化」は、その副産物として「内部結露」と「カビの発生」を生み出してしまいます。それがいわゆる「ナミダタケ事件」、1980年のことでした。被害は全道に拡がり、マスコミにも大きく取り上げられ、そこで改善案が出されました。室内側に気密シートを張ることが一般化したのです。壁の中に湿気を入れないということです。今、全国にこの北海道の技術が本州以南にも普及し始めています。しかし・・・

■本州以南では、冬よりも夏の方が、壁の中の湿気が高まります

　ポリエチレン製の気密シートは湿気を通さないため、夏冷房している時には室内側の壁の内側に湿気が高まり、条件がそろうと結露を生じることが実証されています。夏と冬とでは、温湿度条件が逆転するからです。

　つまり、夏の場合には、湿気を通さないシートではなく、湿気を通すシートを使うべきということになります。「とても難しいことですね」。

　冬は、湿気を通さない。夏は、湿気を通す。これを実現できるシートの開発が期待されました。それを実現したのが、ドイツであり、フランスであり、アメリカでした。残念ながら日本ではまだ、開発が実現していません。

　この可変透湿気密シートを使うことにより、冬の暖房時、夏の冷房時における壁体内の湿気の高まりを解決することができるのです。「そらどまの家」の呼吸する壁の原理の大切な部分はここにあります。壁の中に空気を閉じ込める工法の難しさです。

■可変透湿気密シートがつくり出す、健康な室内空気環境と壁体内の湿気対策の解決

　湿気対策のための可変透湿気密シートの貼り方に注意してください。ステープル（現場で使うホッチキスのようなもの）で止めるだけではなく、専用の気密テープでの

密閉が必要となります。水蒸気は分子レベルの大きさのため、目で見える隙間を防ぐだけでは役立たないのです。また、コンセントや配管の貫通等、気をつけるべき所はたくさんあります。この工事が不完全ですと、断熱材の性能も発揮されません。

断熱の前に遮熱を！

■熱がこなければ、暑くも寒くもない

現在の住宅は、しっかりと断熱すれば快適であるということで断熱材をできるだけ厚くすることがよいように考えられていますが、熱そのものを鏡のように反射して夏には室内に入ってこないようにする、また冬には室内の熱が外に出ていかないようにすれば、断熱材を必要以上に厚くする必要がなくなります。そのときにたいへん役立つのがアルミ箔製の「遮熱シート」です。可視光線も跳ね返しますが、熱の素、遠赤外線も反射します。

■全熱流の３～４割が対流と伝導、残りの６～７割は輻射による

断熱材は、対流による熱伝導を減少するために、空気をできるだけ小部屋に閉じ込めています。また伝導による熱流を減少するためには、できるだけ長い道を熱に歩かせるようにしています。それが断熱材です。しかし、この断熱材にもできないことがあります。それは、太陽や真っ赤な炭から伝わってくる、空気を介さない熱、輻射熱です。この熱を断熱材は吸収し、さらに放熱してしまうため、防ぐことができないのです。この輻射熱を防ぐのは、熱を反射するものです。アルミニウムはその代表的なものです。金属は熱を反射できる性質を持っています。最近普及し始めているサッシのLo-Eガラスは、ガラスに極薄の金属膜を貼ることによって熱を反射しているのです。

■アルミの遮熱シートは暮らしの中で沢山使われている

車のハンドルを直射から守り熱くならないようにするシート、アイスクリームなどを入れる保冷袋、寝袋で寝る時に使うクッション付き遮熱シートなど、気がつくと私たちの暮らしの中でたくさん使われています。それを家にも使いましょうという提案です。驚くような、大きな効果を生み出します。ぜひ実践してください。私（丸谷）の自宅では、お風呂のお湯の上に浮かべています。朝まで温かいです。

■両側に空気層をつくらないと効きません、でも湿気がこもらないように要注意

夏は外部からの熱線を跳ね返し、冬は内部からの熱線が外部に逃げないように跳ね返すためには、遮熱シートの両側に空間をつくる必要があります。そして、アルミ箔は水蒸気を通さないため壁の中が蒸れてしまいます。それは、建物にも住み手にもよくないことです。湿気の通り道をしっかりと考えなければなりません。ここに「そらどまの家」の「呼吸する壁」の知恵があります。

断熱材によりたくさんの働きを！

■木でなければ持ち得ない特性

　木質繊維断熱材は、断熱性能とともに熱緩和・防音・耐火・調湿機能など、木でなければ持ち得ない特性があります。また製造に必要とするエネルギーが他の建材に比べて極端に小さく、生産や廃棄の過程で廃棄物の発生がないなど、住む人やつくる人、そして地球環境に優しい画期的な次世代型エコ建材です。

　また、木質繊維からつくられる製品は、地域の未利用の森林資源を原料とする「地産地消」製品であり、森林資源の豊かな日本の地域社会の活性化や森林再生にも貢献します。高密度の「イーストボード」や断熱材専用の「ウッドファイバー」があります。

■ピュアな自然素材

　リサイクル木材90％以上の木繊維を圧縮成形した木質断熱繊維板イーストボードとともに、ウッドファイバーの活用は、日本の森林を守り育てる木材のもっとも有効な活用法です。

■抜群の調湿性能

　木質繊維特有の富んだ吸放湿性能が、室内を快適な環境に保つとともに、「制御できない壁体内」の結露・高湿化を防ぎ建築を腐食やカビ、蟻害から守ります。

■何度でも再利用

　再生産可能な環境に優しいエコ建材です。

■防火性能

　イーストボード40㎜の外側からの無垢板直張り工法・モルタル工法にて30分防火構造、45分準耐火構造の試験に合格。木材ならではの高い防火性能を証明できました。ナチュラル（難燃・不燃処理なし）サイディングの使用で、防火・準耐火が可能になります。ウッドファイバーの断熱性能は、高性能グラスウール16kg相当の熱伝導率と同じ0.038W/mK。遮熱性にも優れているため夏場の屋根断熱・遮熱にも効果的であり、冷房負荷を大幅に低減します。

■防蟻性能・防音性能

　ホウ酸により防蟻処理（壁用のみ）・不燃処理をしています。また、防音性能に優れていることは、間仕切り壁やトイレの遮音にも使用でき、活用の幅が大きい素材です。

熱容量がものを言う断熱性能

　断熱材の性能を検証してみました。左からフェノールフォーム断熱材（ネオマフォームなど）、木質繊維断熱材「イーストボード」、そして高性能グラスウール16kg/m^3。上部から赤外線ランプを照射して、断熱材（5cm＋5cm）の中央部の温度を測定しています。

　温度上昇が最も遅いのは、木質繊維断熱材です。熱を受けても、熱容量があるために熱の伝わる速度が遅いということなのです。グラスウールはもっとも早く温度上昇します。地球上にある家では、昼間は日射を受けますが、夜間には逆に放熱します。ですから、半日頑張って熱を防いでくれれば大変役立つのです。

　昼間の温度上昇を抑えれば、夜間には放熱モードへと代わります。熱伝導率だけで比較すればグラスウールもそれほど悪くないのですが、結果は違います。木質繊維断熱材が最も温度が低いのです。つまり、熱容量が大きいとなかなか温度が上昇しないということなのです。数時間かけてもこの数字は変わりません。

　寒冷地では、人々はダウンジャケットやウールコートを着て風を通さないようにして防寒します。一方、熱い南の国では風通しを良くし、さらに麦わら帽子や日傘で直射日光を遮り涼しくします。家の考え方も同じように南と北とでは大きく異なります。また、湿気の多い地域とそうでないところとでは、これも対処の仕方が異なります。

フェノールフォーム	木質繊維断熱材 イーストボード	グラスウール
42℃	31℃	53℃
0.024W/m・k	0.049W/m・k	0.038W/m・k

　さて、皆さんが住む地域ではいかがでしょうか。快適な暮らしが実現していますか？　最近、北海道では、これまでの冬に対応した一本やりの家がなぜか夏熱くてたまらなくなっています。これには、二つの理由があります。

　高気密高断熱はよいのですが、いわゆる断熱材だけでは対処できない輻射熱対策が不足しているということなのです。そして、もう一つは寒さ対策のために、北側に窓をほとんどとらなかったため、通風が悪いという家の構造が原因となっているのです。「閉じる家」をつくってしまうと快適さを失ってしまうのです。

　1年間を通しての暮らしを考え、思い切って「開く家」を考えてみましょう。それを補う技術はいろいろあります。例えば、日本独特の建具です。板戸、格子戸、障子、襖、簾戸、鎧戸、断熱戸、雨戸など環境により多様な対応が可能です。

空気で暖房するのか 輻射で暖房するのか

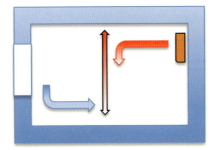

「エアコン」で暖房する

- 空気に熱を伝え、その空気を人体まで運び空気から人体に熱を伝える
- 空気は熱を伝えにくく、比熱も小さいため暖房効率が悪い
- 上下温度差が大きくなり、足下にはコールドドラフトが感じられ、癒やされることなく緊張感が走る
- 床面の温度が低いため、癒やし感がない
- 体の表面が温められるだけなので、廊下など寒い環境に入ると、すぐに体が冷えてしまう

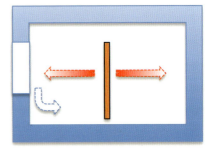

「輻射パネル」で暖房する

- 空気を動かさないため、空気の良さを最も生かした断熱材としての役目を果たす
- 空気を介することなく、物体同士での熱の移動のため、あらゆる面が同じ温度になる
- ガラス面も温められるためコールドドラフトがほとんどなくなり、ゾクゾク感がない
- 床暖房のように床面の温度だけが高くなるということがないため、人体から緊張感が消え、癒やし感ゆたかな状態となる
- 熱線の効果により、体の芯（実際は表面より少し深く）から温まった感じがする

■**サウナ（空気のお風呂）では80～100℃でも、しばらくしないと温まりませんが、お湯のお風呂では45℃でも熱いくらいで、あっという間に体が温まります。大切なのは、この違いです。**

　この違いは、物質によって熱容量・比熱が異なることから生まれるのです。そして、輻射はさらに革命的で、物体から物体への伝導ではなく、遠赤外線という電磁波によって、直接的に人体に熱を発生させる現象なのです。冷房時は、逆に人体から熱を直接奪い冷却することになります。

　この電磁波は、秒速30万kmという驚くような早さなので、部屋の中を吸収と反射により満遍なく温めたり冷やしたりすることができるのです。その結果、空気温度を不必要に上げることなく、また人体や建材を直接温めるため、暖房時に相対湿度を下げずに、乾燥させないですむのです。温度差のない快適な環境が生まれる理由はここにあります。体感温度は、空気温度＋周囲の輻射温度を2で割った値ですので、暖房時にまったくゾクゾク感がないのです。これが輻射暖房でリラックスできる理由です。

空気で冷房するのか 輻射で冷房するのか

「エアコン」で冷房する

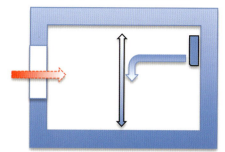

- 空気を冷やし、人体の熱を空気に奪い取り、その空気を再度冷却する
- 空気は断熱材として使われているように、熱を伝えにくく、比熱も小さいため冷房効率が悪い
- 上下温度差が大きくなり、足下には冷気が溜まり、足下が冷え、癒やされることなく緊張感のともなう体調となる
- ガラス面からの輻射熱で暑く感じてしまう
- 床面の温度が低いため足や腰の血行が悪くなる
- 体の表面が冷やされるだけなので、暑い環境に入ると、すぐに体が熱くなる

「輻射パネル」で冷房する

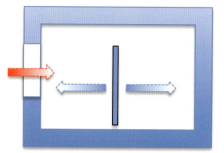

- 空気は動かず、断熱材の役を果たす
- あらゆる面が同じ温度に冷やされる
- ガラス面も冷やされるため輻射熱が緩和される
- 床面の温度が低くなり過ぎず、人体に緊張が働くことがないため、緩やかな状態となり癒やし感が生まれる
- 熱線の効果により、無駄なく体を冷やすことができる
- 一部の窓を開けても、体感温度はそれほど変わらないため、自然通風しながら冷房することが可能となる、不思議でしょう

■熱が伝わる方法は三態

　熱には対流・伝導・放射（輻射）の三態がありますが、輻射の割合が大きいことに驚きます。これについては、様々なデーターがあります。上向き、下向き、横向きなどその方向によっても多少の違いがあります。また、その物体の放射率（吸収率）によっても異なります。以下のイラストは、理想黒体の場合の割合とご理解ください。アバウトですが、熱流全体を100％とすると、対流・伝導の熱伝達が30〜40％、放射（輻射）の熱移動が60〜70％といえます。ですから、伝導と対流に役立っている断熱材だけを、いくら頑張っても、水を竹ざるで掬っているようなことが理解できますね。遮熱の大切さをしっかりと受け止めましょう。

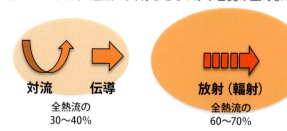

輻射パネル＋さまざまな熱源という夢の方式

■輻射式冷暖房システム

- 夏20-25℃、冬33-38℃の冷温水で冷暖房が可能
- 穏やかな温度、自然な涼しさ・温かさが実現できる
- 天井が高い大空間や吹き抜け空間でも効率的に冷暖房が可能
- 風も音もない静寂の環境を実現
- 熱源は、地下水／空冷ヒートポンプ／水冷ヒートポンプ／地熱源ヒートポンプ／太陽熱温水器／ガスボイラー／廃熱回収機器などが利用できる
- 輻射暖房時の状況を下図に示します。特徴は、窓以外の床・壁・天井の温度が全て同じだということです。室温より床・壁・天井の温度が、暖房時は高く、冷房時は低い、という状態となり、無理のない自然な冷温体感が得られます。

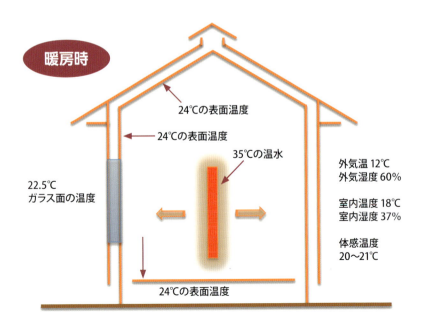

輻射パネルの材質による放射効率の違い

■温度と放射（輻射）エネルギーの関係

放射エネルギー（W／㎡）＝σ x Tの4乗
＝5.67 x 10の－8乗 x 絶対温度（ケルビン）の4乗

σ（シュテファン＝ボルツマン）定数は5.67 x 10の－8乗。
絶対温度＝摂氏＋273です。

理想黒体は存在しないので、σの代わりに放射率95％のεを使います。この値は赤外線温度計で採用されているものです。

放射率は物体ごとに異なります。黒体は全部放射エネルギーを吸収する物体で、吸収率1。このようなものは世の中にありませんから、物体の吸収率を乗じます。灰色体といいます。地球は光の3割を反射しているので、吸収率0.7です。

放射エネルギーはTの4乗に比例するのが特徴ですので、輻射パネルに流れる温水が、数度異なるだけでそのエネルギー量はたいへん異なってくるということなのです。温度差の4乗倍の熱量が流れるのです。凄いことでしょう。

輻射パネルの材料は、放射率の高いものが有効に働く。

これまでの輻射パネルは鉄製が多かったのですが、塗装、あるいはセラミック塗装してはじめて放射率が高くなります。「そらどまの家」では、ポリプロピレンを使用しています。これは素材そのもののまま高い放射率を発揮します。

また、腐食に対しても、耐食性があり、今後の普及により安価になることを期待しています。

物質名	波長に対する放射率 （＝吸収率）				
	約1 μm	約1.6 μm	約2.4 μm	3～5 μm	8～14 μm
レンガ　赤	0.80	0.80	0.80	0.93	0.90
レンガ　白耐火	0.3	0.35	?	?	0.80
アスファルト	0.85	0.85	?	0.90	0.85
カーボン　すす	0.95	0.95	?	0.95	0.95
ガラス　厚さ3mm				0.96/5μ	
セラミック	0.4	0.5	0.85-0.95	0.95	0.90
粘土	?	?	?	0.85-0.95	0.95
コンクリート	0.65	0.70	0.9	0.90	0.90
布(目の詰まった編み方のもの)	0.75	0.80	0.85	0.85	0.95
砂利	?	?	?	0.95	0.95
石膏	?	?	?	0.4-0.97	0.8-0.95
紙	?	?	?	0.95	0.95
プラスチック　不透明	?	?	?	0.95	0.95
雪	?	?	?	?	0.9
土	?	?	?	?	0.9-0.98
水	?	?	?	?	0.93
木（天然木）	?	?	?	0.9-0.95	0.9-0.95
アルミ　非酸化面	0.13	0.09	0.08	0.05	0.025
アルミ　酸化面	0.40	0.40	0.40	0.30	0.35
銅　非酸化面	0.06	0.05	0.04	0.04	0.03
銅　酸化面	0.85	0.85	0.85	0.85	0.80
金	0.05	0.02	0.02	0.02	0.02
鉄　非酸化面	0.35	0.30	?	0.18	0.10
鉄　酸化面	0.85	0.85	0.85	0.85	0.80
銀　非酸化面	0.01	0.01	0.01	?	0.01
銀　酸化面	0.05	0.04	0.04	0.03	0.02

屋上緑化は新しい屋根、空中に新しい大地が広がります
金属防水工法「スカイプロムナード」

　地球の温暖化防止、二酸化炭素の固定のために屋上緑化が普及し始めました。これは熱環境から考えれば、昔の茅葺き屋根の機能を復活したと言えます。
　夏は日が当たれば蒸散が始まり屋根裏から熱を吸収します。冬は乾燥するので断熱性が上がります。さらに、植物が生えていれば、蔵のような置屋根となります。**空間を最大限に活用できる新しい大地、それが屋上緑化です。**
　そして、メンテナンスを考えてみてください。一般の勾配屋根は、足場をかけてメンテナンスをします。屋上でしたら足場なしでメンテナンスができるのです。さらに、この屋上緑化システムはステンレス鋼板を使用すると30年の保証がつきます。

　一般の屋根は瑕疵担保の10年保証しかありません。
　狭小住宅では、庭がほとんどなくなってしまいますが、緑化屋上があれば、庭がしっかりと確保できます。それも、陽当たりの良い庭、眺望の良い庭なのです。子育てにも、情操教育にも有効な庭です。最近はアスファルト防水からFRP防水が現場では主流になっていますが、紫外線劣化や耐震性、メンテナンスの視点、防火性からスカイプロムナードが注目される工法となっています。
　この工法との出会いがあり、安心して積極的に陸屋根と屋上緑化を提案しています。

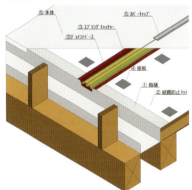

■不燃認定NM-1981取得
■大手保険会社と提携し亜鉛メッキ鋼鈑で10年、ステンレス鋼鈑で30年保証を実現
■乾式のため工期が早い
■樹脂でなく金属のためリサイクルが可能

「換気扇」から計画的な「熱交換換気」へ

■高気密・高断熱の家になればなるほど、換気は重要となる

現代の木造住宅では、それまでのすきま風が通り抜ける開放的な建築から、高断熱・高気密化を進め、年間を通じて一見「快適」な暮らしができるようになってきました。しかし、屋外の気温の変化を緩和できるようになったにもかかわらず、その一方で自然な換気ができにくいという問題点を生み出し、結露やカビの発生、シックハウス・健康障害などを生み出してしまいました。そう簡単には、健康な家がつくれないことを痛感させられた貴重な経験でした。そこで、「そらどまの家」が登場します。効率的な「24時間熱交換換気システム」を採用することにしました。

■シックハウス対策に欠かせない換気設備の役割

高気密・高断熱化が生み出したシックハウス症候群。住宅の建材や塗料などに含まれる有害物質が大きな問題となりました。2003年の法改正により、F☆☆☆☆などホルムアルデヒド等の揮発性有機化合物を含む建材に規制がかかり、現在では暮らしの中に存在する有害物質は大変少なくなりました。しかし、規制のない家具や日用品などを室内に持ち込むことにより、いつ何が原因で発生するかわからないのが実情です。こうしたシックハウス症候群の対策として換気設備は大変重要な役割を担っています。

■建築基準法により、新築住宅には有効換気設備の設置義務

高気密化が生み出したシックハウス問題に対応するため、2003年に建築基準法の改正が行われ、住宅に常時換気設備の設置が明確に義務付けられました。新築住宅には必ず有効な換気設備を設置しなければなりません。それが24時間換気システムです。

全熱熱交換換気扇
24HEC20D3
DCモーター内蔵
換気風量 MAX200㎥/h
By (株)協立エアテック

昔の住宅

空気が通り抜けて、自然に換気されていました。

現在の住宅（高気密・高断熱）

外気の入れ替わりが少なく、室内の空気はどんどん汚れていきます。

花粉・PM2.5対策はおまかせください

「熱交換換気に高性能エアフィルターを取り付けているので万全です」とよく宣伝されています。ところが、人間が室内に持ち込むアレルゲンがあり、これも除去しなくては問題が解決しません。そこまで配慮したシステムは、「そらどま換気」にしかないのです。内干しの洗濯室も完璧に対応しています。

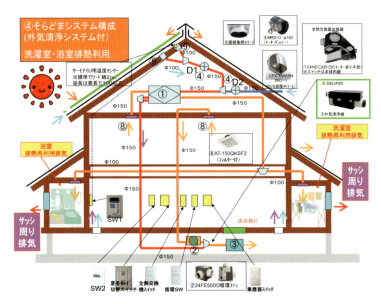

そらどまシステム構成（外気清浄システム付）

そらどま換気のバリエーションは多様です。一軒一軒の御家族が求める形に対応できるシステムを用意しています。

　上図のシステムデザインをご覧下さい。少し複雑ですが。
- 熱交換換気は①が心臓部です。この機械で新鮮空気・外気を採り入れ、室内排気と熱交換しながら室内の換気を行います。
- 冬の外気の採り入れは、昼間は屋根で太陽光によって温めてから採り入れます。夜間は放射冷却で返って冷えてしまうので普通に外気を直接採り入れています。夏は、夜間のみ屋根面の放射冷却を利用して屋根から採り入れ、床下で蓄冷し昼間の熱負荷に対応します。24時間換気対応の時には、外気をそのまま熱交換して採り入れます。

- 花粉対策とPM2.5対策は床下の③の目詰まりしない「電子式集塵フィルター」を活用した空気清浄機「トルネックス」で行います。
  また、室内に持ち込んでしまった花粉やPM2.5は、②の室内循環ファンで取り入れ③のトルネックスで集塵します。ここが、肝心な所です。

- 熱交換換気によって廃棄されていく室内空気は、まだ活用できるエネルギーや働きを持っています。内干しの洗濯室、浴室の乾燥、さらには暖冷房の熱源のヒートポンプの熱源空気として排気空気を最後まで活用しています。

- トルネックス外気清浄機は、業務用喫煙所システムで培われた"電子式集塵技術"を、住宅換気用フィルターに転用した技術です。その性能は、高い集塵力と、長期間変わらない換気性能を実現しました。

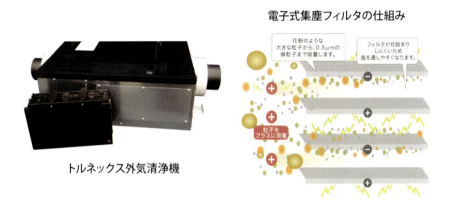

トルネックス外気清浄機

電子式集塵フィルタの仕組み

大気塵（空気中のチリや汚染物質）の大きさの比較

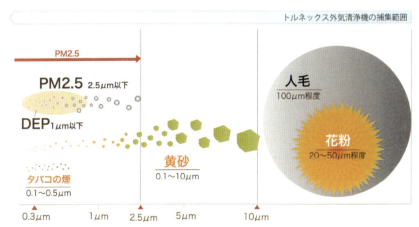

「太陽光発電」「スマートハウス」「ZEH」って何？

　いずれも最近テレビやインターネットでよく見かける言葉です。さてその意味ですが、「太陽光発電」とは、屋根に設置した太陽電池で発電する仕組みのこと。「スマートハウス」は、「太陽光発電」がつくる電力や電力会社からの電力、蓄電池に貯めた電力など、家のエネルギー を「賢く（スマート）」使う住宅のことをいいます。賢く使うためにHEMS（ヘムス＝ホーム・エネルギー・マネジメント・システム）を利用するのが特徴です。

　最後の「ZEH（ネット・ゼロ・エネルギー・ハウス）」とは、1年間の消費エネルギーより、住宅でつくったエネルギーのほうが多いか±0となる住宅のことです。つまり、スマートハウスと同様、エネルギーを浪費しない「省エネ」、太陽光発電などでエネルギーをつくる「創エネ」と、蓄電池に貯める「蓄エネ」、エネルギーの状態を見えるようにする「HEMS」を組み合わせて活用する住宅です。

■省エネ
　断熱・気密性能・通風・採光性を高め、室内温度を年中快適に保つことで、エアコンの使用頻度を低減。また、最新省エネ機器などの導入により、無駄なエネルギー消費を抑制します。

■創エネ
　自然エネルギーを利用し、環境負荷が低い特性を持つ太陽光発電システムや家庭用燃料電池（エネファーム）などでエネルギーをつくります。創エネ機器や自治体によっては補助金があります。

■蓄エネ
　太陽光発電でつくった電力や、割安な深夜電力を蓄電池などに貯めておけば、消費電力の多い日中などに使うことができます。最近は電気自動車などを蓄電池の代わりに利用することもできます。

■HEMS

　家庭で電気を「創る」「蓄える」「賢く上手に使う」ために、電気機器をネットワーク上で管理、リアルタイムで利用状況を把握・コントロールするエネルギー管理システムのことです。

　政府としては、2020年には標準的な新築住宅をネット・ゼロ・エネルギー・ハウスとし、2030年には新築住宅の平均でネット・ゼロ・エネルギーをめざす計画です。ネット・ゼロ・エネルギー・ハウスが当たり前になる時代がもうすぐそこまできています。

■補助金制度

　太陽光発電に対する国や都道府県の補助金とは別に、2016年もネット・ゼロ・エネルギー・ハウス建築主に対する補助金制度（最大125万円）が経済産業省により発せられました。補助金の対象となる設備は「省エネ設備：空調設備・給湯設備・換気設備・照明器具など」「建物の断熱化」「蓄電システム」などが含まれています。

上写真：屋根一体型太陽光発電システム「エコテクノルーフ」by（株）タニタハウジングウェア

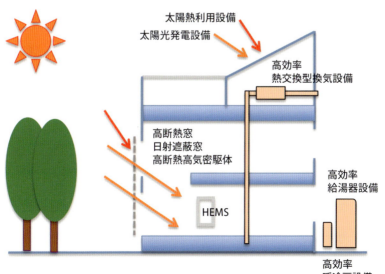

安全で高性能の構造体を創る技術

■地盤改良
　既存の地盤改良工法のようにあらかじめ決まった杭を使ったり、地盤を補強しない工事と異なり、砕石パイルをその地盤にあうように確実な施工で1本づつ造り上げ、砕石パイルと砕石パイル周辺の地盤の支持力を複合させて、地盤の支持力を高める地盤改良工法「ハイスピード工法」または、最近注目されている「スマート免震70R工法」を採用しています。

■基礎工法
　超薄型溶融亜鉛メッキ鋼板を使い住宅基礎用に開発した専用金物に取り付けるだけで、金切はさみと電動ドライバーがあれば誰でも簡単に施工ができ、従来の基礎工事に比べて約半分の工期で済む「スマート型枠工法」。さらに、コンクリートを一発で打つことにより強度も増し、打継目地からの白蟻や雨水の侵入も防ぎます。

■木構造
　業界No.1の高強度・高耐久・ムク材対応の金物工法「ウッドワイステクノロジー」を採用しています。2011年金物メーカー8社の金物を集めた接合部強度試験において1600ガルの振動にも耐えた耐震性のある木造工法です。

■防蟻工法
　農薬系は揮発成分がシックハウス症候群を引き起こす一因とされています。また揮発してしまうので効果期間も限定されます。高気密住宅や循環換気の省エネ住宅では揮発成分に晒される危険性が高くシックハウスの原因にもなります。そこで採用しているのがホウ酸防蟻材。揮発・蒸発しないので部屋の空気を汚しません。また揮発・分解しないため安定性にも優れています。長期間に渡って防蟻効果が持続する「エコボロン」を採用しています。

■木部塗装
　純国産天然油性自然塗料「シオンU-OIL（ユーオイル）」を採用しています。
　大きく、スタンダードタイプ（屋内用）、ハードタイプ（屋外用）の2つから成り、前者は住む方の「安全性」を第一に、後者は「耐候性」を第一として開発した塗料です。

■セメント系素材塗装
　水ガラスのバインダーと無機色素によって変色や色褪せが起き難い超耐久性無機塗料、ドイツで長年使用されてきた「カイムロイヤラン」を採用しています。不燃性、高耐久性、低汚染性、透湿性、防水性に優れています。ホワイトハウスの美しさを保っている塗料です。

■外壁仕上材
　土壁がもっとも有効であることを理解しながらも、稚内珪藻土の「北のやすらぎ」、シラス基材の「ソトン壁」を採用しています。吸水性のある外壁は気化熱作用により建物の熱負荷を減少します。古代からの重要な知恵です。

■高性能サッシ
　日本製のサッシも性能が上がり使いやすくなってきました。しかし、まだまだ基本性能に課題も抱えています。カナダ製部材を活用したK-WINDOW、東ヨーロッパの技術でつくりあげたGREEN BRIDGE社の「ZERO」「AJM8000」、その他防火サッシとしては、国産サッシを採用しています。基本は、LO-Eペアガラス+アルゴンガス+断熱フレームです。

「そらどまの家」事例編

　2011年春に竣工した「日進町の家」では、「屋上緑化」、「呼吸する壁」、「屋根通気」、断熱材「ウッドファイバー」、「遮熱シート」の外壁を実施しました。2012年秋に竣工した「古川の家」では、「屋上緑化」をはじめ、「地熱ヒートポンプ」＋「輻射冷暖房」、熱交換換気導入による「そらどま換気」を導入しました。

　2014年春竣工の「長久手の家」では、断熱・調湿材「バウビオ」の導入によりほぼ「そらどまの家」の基本要素が完成しました。住み心地も、住み手の皆様方から良好との報告をいただいています。

　「そらどまの家は、ほどほどに温かく涼しい。また、喉を痛めることなく風も引かなくなった。なによりも空気感が気持よい。」との感想です。

　そして、「スーパー mama の家」では、日本中に発信するプロジェクトとして、また、全面的な温熱環境の実証研究対象として位置づけています。エネルギー代も月々ピークで2万円を切っています。

呼吸する家・遮熱する家 「日進町の家」 埼玉県さいたま市

コンパクトな敷地でも、楽しめる庭、環境をつくる緑を楽しむことができる。建築にはできない潤いの環境が生まれる。木造でも屋上緑化が安心してつくれるようになりました。「スカイプロムナード」の御陰です。

屋上緑化は照り返しがなく、さわやかな風が室内に入ってきます。

建ちの低さは日本の伝統感覚。水平感のある落ち着いたプロポーションです。

大きな引き戸を閉めると、通風をとりながらも防犯ができます。

床はカラマツ、天井と壁は和紙、そして障子。気持ちのよい団欒の間になりました。ご主人のこだわりは、畳ベンチ。昼寝が気持ち良いようです。

内装は和紙張り、天井は椴合板、そして畳。寝室に適した落ち着いた環境が作れます。

夜間の景色も大切です。町に人間味のある温かさを提供します。

①写真上左右／柱勝ち構法による軸組。木材は北海道産のカラマツ集成材。
②写真中左／野地板に10 mm目地を開け通気をはかる。野地板下に敷設される断熱材「ウッドファイバー」の中に溜まる湿気を野地板上の通気層に排出する。
③写真中右／野地板上の通気層15mmを形成するポリプロピレン製「イーストルーフ通気メタル」
④写真下左／耐力壁通湿ボード。壁体内の湿気を排出する耐震壁として機能します。
⑤写真下右／外壁面全体に張られた「遮熱シート」、夏の日射を反射し、冬の内部熱源の熱線を外に洩らしません。

地熱ヒートポンプ・PP製輻射冷暖房
「古川の家」宮城県大崎市

　2階リビングのため、2階のスカイガーデンはプライベートガーデンとなります。雪景色もなかなかいいです。北向きの庭は、意外に明るく、元気な景色を楽しませてくれます。世の中の反射光が家の中の隅々に行き亘るからです。とても癒される空間、北の光は優しく、1日安定しています。

　和室、上の写真は左の壁面に輻射暖冷房パネルが設置されています。不凍液が入っていないときが上の写真。ポリプロピレンの素材色です。下の写真は不凍液を入れて運転しているところ。グリーンです。

　北入の敷地。それがかえって良かった。北のやさしい光、南の温かい太陽光。天の恵みで一杯です。1階は、交流の空間。茶事を楽しんだり、囲炉裏を囲んでの談笑が続きます。

1階の和室・板の間は知人達との遊びの場。床にはソーラーで温められた空気が循環する吹出し口があり、天井にはその空気が2階へと流れている循環口があります。

　洗面脱衣室と浴室は一体的な関係。輻射冷暖房パネルは、洗面脱衣室にあり、その輻射熱は、いったんガラスや壁に吸収され、再び放射されます。その結果、時間は少しかかりますが、浴室にも冷温熱が行き亘っていきます。お陰でヒバ材の壁面は何時も乾き、黴びる様子はまったくありません。どうなるものかと、試みたのですが結果は良好。ガラスは、視覚的には光を透過しますが、遠赤外線的には透過することなく吸収されてしまいますので、現場での実証を試みてみました。

サンポット社の地熱利用ヒートポンプとテスク社のポリプロピレン製輻射パネルを組み合せたシステムです。暖冷房の体感は、大変優れています。

そらどまの家の concept-house
「長久手の家」愛知県長久手市

　愛知県長久手市は人口が増えている郊外住宅地。自然に恵まれた子育て適地ともいえます。そこに30代の夫婦と幼児2人の家族の住宅を「そらどまの家」でつくりました。

　断熱材は、調湿力のあるウッドファイバー（木の繊維）。防音にも効き快適な住環境が維持できます。そして、内壁に使っているバウビオ（ケイ酸カルシウム板）は美術館、博物館で使っている調湿材と同じ成分。これによってさらに調湿効果が発揮されています。

　暖冷房は輻射です。エアコンのように、熱容量が少なく熱も伝えにくい「空気」を使うことなく、直接物体に熱を伝える「遠赤外線」を使う暖冷房システムです。したがって冬の乾燥と夏の多湿を軽減できる原理を持っています。写真のように外気温36℃の真夏でも、窓を少し開放しながら冷房が出来るのです。その時の部屋の天井壁床は30℃でした。

■そらどまの家「長久手の家」2016.6.3訪問記

「新築前に住んでいたマンションでは、毎年喉をいため風邪を引いていたが、この家に来てからは風邪をひかなくなった。」とにかく熟睡できる、たくさん寝るようになったご主人。「つい些細な事で子どもたちを叱っていたママが、おおらかになった、笑顔になった。気が付いてみると、この家に住んで家族が変わったことがいくつもある」と、奥様は語られていました。

引っ越し後は、ウッドデッキを造り、庭の植栽を整え、ついに玄関の壁にしっくいを塗られていました。未完成から完成へ！一歩一歩。

そらどまの家 in 埼玉県春日部市
「スーパーmamaの家」

　ドイツ仕込みの外壁、可変透湿気密シート「インテロ」、断熱材「ウッドファイバー」、そして国産のポリプロピレン製のラジエーターによる輻射暖冷房、花粉・PM2.5対応の静電式空気清浄機＋そらどま換気。フルスペックでつくりました「そらどまの家」です。バルコニーはスカイプロムナード、緑化は自前の工事で進めます。

内装の珪藻土壁「北のやすらぎ」。2階吹き抜けの空間はプロにお願いし、1階の壁は友人知人で塗り上げました。素人の手ですが、意外に味わいがあります。

■木造軸組
岩手県葛巻町のカラマツ集成材、垂木構造（垂木のみツーバイ材を使用）、布基礎、軸組金物工法、プレカット

■「そらどま換気システム＋花粉除去システム」の特別製「そらどまの家」の熱交換換気システムのほかに、トルネックスを使用した花粉・PM2.5除去フィルターをシステムに組み込んでいます。

■遮熱シートの施工
家全体を魔法瓶のようにアルミのシートで包み込みます。夏の日射を跳ね返し、冬には内部の熱を外に出しません。そのお陰で、燃費が安価にすみます。

■瓦棒葺きの夜宴下地には通気層をとり結露水を蒸発させます。また、冬の集熱空気の取り入れ口でもあります。上の写真は、集熱空気の取り入れ口です。

■高性能樹脂サッシを使用「k-window」を初めて使いました。二重通気の外壁なので、水切りが大きいものを使用しています。断熱ラインもしっかりとクリアしています。
■外壁は二重通気。その間には遮熱シートを挟んでいます。これで、断熱材には抵抗できない放射熱を遮断します。
■断熱材は、埼玉県産のウッドファイバーを使用しています。

資料編
工務店・設計事務所・建材設備会社・「そらどまの家」モデルハウスリスト

　エコハウス研究会では、全国でエコハウス研究会を開催し、地域工務店、設計事務所、大学研究室、建材のメーカー・販売店の皆様とともに実践的に学び合っています。

　また、エコハウスマイスター養成講座を開催し、建築技術者の技術力向上を進めています。2016年12月現在で118名となっています。

　身近にエコハウスマイスターがいない場合には、エコハウス研究会にご相談ください。

　エコハウスマイスターは、一般社団法人エコハウス研究会のホームページで公開しています。

怪傑ZEROプロジェクト参加工務店（2017.1.10現在）

	会社名	担当	郵便番号	住所	電話
1	（株）上野工務店	上野　正治	028-1121	岩手県上閉伊郡大槌町小鎚第26地割148－13	0193-42-5271
2	Atelier NUK	佐々木幸史郎	028-1101	岩手県上閉伊郡吉里吉里1-2-2	080-5463-6216
3	アルテック建築工房	谷内　誠	020-0003	岩手県盛岡市下米内一本松64-7	019-663-7400
4	（有）竹澤工務店	竹澤　稔	321-1261	栃木県日光市今市1257-21	0288-22-5249
5	（有）木なり設計	齋藤由美子	336-0922	埼玉県さいたま市緑区大牧	048-717-3671
6	（株）真柄工務店	眞柄　大介	188-0011	東京都 西東京市田無町7-2-6 ミアネーロ114	042-457-0025
7	小川工務店	小川　勝利	277-0044	千葉県柏市新逆井2-9-17	04-7174-4102
8	（株）佐久間工務店	佐久間貴秀	263-0015	千葉県千葉市稲毛区作草部町1349-1	043-254-4511
9	（株）エム・エー	朝倉　忠	140-0013	東京都品川区南大井6-16-12大森コーポビアネーズ306号	03-3765-3801
10	（株）クライム一級建築士事務所	志水　隆之	151-0051	東京都渋谷区千駄ヶ谷2-39-3-207	03-6434-7327
11	（有）若月工務店　一級建築士事務所	若月　正臣	190-0002	東京都立川市幸町1-28-6	042-536-6867
12	Mデザインクラフツ（株）	福岡真木子	210-0844	神奈川県川崎市川崎区渡田新町3-12-3	044-742-9201
13	オオツボ・オフィス一級建築士設計事務所	大坪　秀行	933-0816	富山県高岡市二塚1043-2	0766-24-3228
14	（株）ジュープラス	永森　裕章	939-8055	富山市下堀7番地(ローソン下堀店となり)	0120-001-114
15	アクトホーム（株）	齋藤　光哲	428-0007	静岡県島田市島76-1	0547-45-3101
16	ウッドワイステクノロジー（株）	齋藤幹一郎	437-0604	静岡県浜松市天竜区春野町宮川3-1	053-989-1707
17	（有）大石設計室	大石　智	433-8125	静岡県浜松市中区和合町220-756	053-479-0410
18	芳(かおり)建工	石垣　秀芳	420-0062	静岡県静岡市葵区上新富町1-1-101	054-254-7496
19	くれよんハウス西尾建築	西尾　俊之	436-0341	静岡県掛川市倉真880	0537-28-9738
20	こころ現代民家研究所（株）	山下　晋一	439-0006	静岡県菊川市堀之内408-3	0537-28-7040
21	東海林建築設計事務所	東海林　修	468-0069	愛知県名古屋市天白区表山1-1602-4-104	052-853-9817
22	（株）ハウスジャパン	稲垣　憲子	444-1305	愛知県高浜市神明町7-13-38	0566-53-7700
23	（株）松田建設	松田　貢	511-0861	三重県桑名市蛎塚1081	0594-22-5878
24	（株）片山工務店	片山　善晴	607-8422	京都市山科区御陵封ジ山町1-9	075-581-0338
25	住まいの設計室 U建築デザイン事務所	上田　勝啓	581-0087	大阪府八尾市明美町2-3-24	072-991-6687
26	一級建築士事務所 A.S.A.P.design lab.	新堂　雄美	651-0053	兵庫県神戸市中央区籠池通3-3-2メゾン小林201号室	078-778-1726
27	金子工務店	金子　知史	832-0081	福岡県柳川市西浜武77-1	0944-72-9352
28	（株）黒木建設	黒木　義彦	812-0006	福岡県福岡市博多区上牟田1-22-6	092-4111-7300
29	（株）西工務店	西　高幸	819-1302	福岡県糸島市志摩吉田2029	092 327 0087
30	（株）大園建設	大園　健志	854-0002	佐賀県小城市小城町畑田2956-11	0952-37-8155

「そらどまの家」の標準仕様・建材と販売会社

	部位	工法	名称	メーカー	販売会社
1	屋根	鋼板防水工法	スカイプロムナード	(株)栄住産業	(株)栄住産業
		換気棟		(株)タニタハウジングウエア	一般商社・代理店
		防水透湿ルーフィング	ルーフラミテクト	(株)セーレン	梅ヶ丘アートセンター
			イールトルーフシルバー2	(株)ナガイ	梅ヶ丘アートセンター
		屋根通気部材	イーストルーフ通気メタル	(株)ナガイ	梅ヶ丘アートセンター
2	壁	透湿防水シート	タイベックハウスラップ	旭・デュポン フラッシュスパン プロダクツ(株)	梅ヶ丘アートセンター
			ソリテックス	独/プロクリマ社	梅ヶ丘アートセンター
		耐候性透湿防水シート	壁用クワトロ	独/プロクリマ社	梅ヶ丘アートセンター
3	屋根・壁	室内側可変透湿気密シート	インテロ	独/プロクリマ社	梅ヶ丘アートセンター
		遮熱シート	ラミパック SD-S	酒井化学工業(株)	梅ヶ丘アートセンター
		ケイ酸カルシウム系調湿・断熱ボード	バウビオT、バウビオN	日本インシュレーション(株)	梅ヶ丘アートセンター
4	断熱材	木質繊維断熱材	ウッドファイバー	(株)木の繊維	梅ヶ丘アートセンター
5	外装仕上材	シラス素材塗り壁	スーパー白州そとん壁	高千穂シラス(株)	一般商社・代理店
		窯業系サイディング+浸透型防水塗装材	カイムロイヤラン	独/カイム社	梅ヶ丘アートセンター
		ガルバリウム鋼板サイディング	ガルバリウムスパンドレルZig	(株)タニタハウジングウエア	一般商社・代理店
6	内装仕上材	塗装下地用多層抄合紙	ルナファーザー	独/ルナファーザー社	梅ヶ丘アートセンター
		塗装済多層抄合紙	エコフリース	(株)ナガイ	梅ヶ丘アートセンター
		珪藻土塗壁材	北のやすらぎ	日本システム機器(株)	梅ヶ丘アートセンター
7	天井・壁・床	天然木材各種加工品		日本各地の工場	ピュアウッド(株)
8	構造	ダクタイル鋳造金物工法+プレカット工法	ウッドテック金物	ウッドワイステクノロジー(株)	ウッドワイステクノロジー(株)
9	地盤	地盤調査・地盤改良	ハイスピード工法ほか	ハイスピードコーポレーション(株)	グラウンドワークス(株)
			スマート免震70R	一般社団法人地盤対策協議会	梅ヶ丘アートセンター
		型枠工法	スマート型枠	一般社団法人地盤対策協議会	梅ヶ丘アートセンター
10	防蟻	ホウ酸系防蟻材	エコボロンPRO、BX	(株)エコパウダー	梅ヶ丘アートセンター
11	サッシ	樹脂特注サッシ	k-window	(株)栗原	(株)栗原
		各種特注サッシ	ZERO	(株)green bridge	(株)green bridge
		各種国産サッシ		YKK、シャノンほか	ピュアウッド(株)
12	窓用ブラインド	採光樹脂ブラインド	アカリナ	(株)あかりカンパニー	梅ヶ丘アートセンター
13	リフォーム	遮熱防水塗料	シポフェース	(株)明光建商	(株)明光建商
		遮熱ガラスコーティング	ガードフェース	(株)明光建商	(株)明光建商
14	暖冷房	輻射式冷暖房	クール暖	(株)テスク資材販売	(株)協立エアテック
			クール暖	(株)テスク資材販売	(株)明光建商
			エコウィン、エコウィンハイブリッド	(株)エコファクトリー	さくら・グローバルコーポレーション(株)
15	換気	太陽熱利用全熱交換式換気	そらどま換気	(株)協立エアテック	梅ヶ丘アートセンター
16	床吹出し口	木製吹出し口	ナラ・ウォルナット・スギ	梅ヶ丘アートセンター	梅ヶ丘アートセンター
17	採光システム	特殊鋼板式採光ダクト	光ダクト	東洋鋼鈑(株)	東洋鋼鈑(株)事業推進室MCKチーム
18	暖冷房・断熱	総合施工技術	暖冷房・断熱・気密工事		信越ピー・アイ・ピー(株)

7 資料編

全国に広がる「そらどまの家」モデルハウス
見学可能な住宅・福祉施設

①岩手県　大槌の家1

- 施工：(株)上野工務店
- 設計：丸谷博男+エーアンドエー
- 設備：高木電気管理事務所
- 岩手県上閉伊郡大槌町小鎚第22地割
- 呼吸する壁・そらどま換気・輻射冷暖房「クール暖」・地熱ヒートポンプ
- カナダ製k-window・スカイプロムナード+屋上緑化

②宮城県　古川の家

- 施工：(株)ライフサポートシステム
- 設計：丸谷博男+エーアンドエー
- 設備：サンポット(株)
- 宮城県大崎市古川駅南
- 呼吸する壁・そらどま換気・輻射冷暖房「クール暖」・地熱ヒートポンプ
- 日本製サッシ・スカイプロムナード+屋上緑化

③千葉県　松戸モデルハウス

- 施工：(株)小川工務店
- 設計：丸谷博男+エーアンドエー
- 千葉県松戸市小金原5-2-12
- 呼吸する壁・そらどま換気・パッシブエアコン・スロベニア製高性能サッシ
- カナダ製k-window・スカイプロムナード

④埼玉県　スーパーmamaの家

- 施工：(株)藤島工務店
- 設計：丸谷博男+エーアンドエー
- 埼玉県春日部市備後東
- 呼吸する壁・そらどま換気・輻射冷暖房「クール暖」
- カナダ製k-window+スカイプロムナード+屋上緑化

⑤埼玉県　ケアサービス三郷

- 施工：
- 設計：寺山建築工房
- 埼玉県三郷市
- 呼吸する壁・そらどま換気・輻射冷暖房「クール暖」
- 日本製サッシ

⑥東京都　梅ヶ丘アートセンター　エコハウス研究会代表のオフィス

- 施工：
- 設計：丸谷博男+エーアンドエー
- 東京都世田谷区代田3-48-5
- クール暖・遮熱シート
- 日本製施設用サッシ

⑦静岡県　清水障害者サポートセンターそら

- 施工：イハラ建成工業株式会社
- 設計：酒井信吾建築設計事務所
  (株)永田デザイン
- 静岡県静岡市清水区
- 呼吸する壁・そらどま換気・輻射冷暖房「クール暖」
- 日本製サッシ

⑧静岡県　個人邸

- 施工：くれよんハウス・西尾建築
- 設計：くれよんハウス・西尾建築
- 静岡県掛川市または袋井市
- 呼吸する壁・そらどま換気・輻射冷暖房「クール暖」
- 日本製サッシ

⑨静岡県　きたうらの家

- 施工：創ハカマタ建設株式会社
- 設計：民家の工房　大石設計室
- 静岡県浜松市
- 呼吸する壁・そらどま換気・遮熱シート
- 日本製サッシ

見学の申込は、エコハウス研究会怪傑ZERO事務局へお願いいたします。
Tel03-3419-5247 またはエコハウス研究会ホームページからmailでの問合せです。

⑩愛知県　長久手の家
- 施工：(株)松田建設
- 設計：丸谷博男＋エーアンドエー
- 愛知県長久手市
- 呼吸する壁・そらどま換気・輻射冷暖房「クール暖」
- 日本製サッシ

⑪愛知県　論地モデルハウス
- 施工：(株)ハウスジャパン
- 設計：(株)ハウスジャパン
- 愛知県高浜市論地町三丁目6-41（フォレスト論地A-1区画）
- 呼吸する壁・そらどま換気・輻射冷暖房「クール暖」
- 日本製サッシ

⑫愛知県　(株)リトルサイエンティスト本社
- 施工：(株)松田建設
- 設計：菅原律子設計事務所＋it is
- 愛知県一宮市
- 呼吸する壁・そらどま換気・輻射冷暖房「クール暖」
- 日本製高性能サッシ

⑬三重県　桑名の家
- 施工：(株)松田建設
- 設計：丸谷博男＋エーアンドエー
- 三重県桑名市
- 呼吸する壁・そらどま換気・輻射冷暖房「クール暖」
- 日本製サッシ

⑭京都府　モデルハウス「京都サロン」
- 施工：(株)松彦建設工業
- 設計：伊礼智設計室
- 京都府京都市
- 輻射冷暖房「クール暖」
- 日本製サッシ

⑮福岡県　糸島の家
- 施工：(株)西工務店
- 設計：(株)西工務店
- 福岡県糸島市前原北
- 呼吸する壁・そらどま換気・クール暖
- 日本製サッシ・スカイプロムナード

⑯福岡県　モデルハウス「柳川サロン」
- 施工：(有)金子工務店
- 設計：丸谷博男＋エーアンドエー
- 福岡県柳川市西浜武77-1
- 呼吸する壁・そらどま換気・輻射冷暖房「クール暖」
- 日本製高性能サッシ

⑰福岡県　協立エアテック実験ハウス
- 施工：(株)健康住宅
- 設計：(株)協立エアテック
- 福岡県糟屋郡篠栗町大字和田1034－4　本社敷地内
- そらどま換気・輻射冷暖房「クール暖」
- 日本製高性能サッシ

⑱熊本県　LOCUSゲストハウス
- 施工：
- 設計：一級建築士事務所　ATELIER-LOCUS
- 熊本県熊本市
- エコウィンエアーユニット、輻射冷暖房「エコウィン」
- 日本製サッシ

（株）栄住産業代表取締役社長 宇都正行が
第28回「住生活月間」功労者表彰国土交通大臣賞を受賞しました！

●功績概要

「多年にわたり住宅産業に従事し、特に屋上緑化工事において累計六千棟を超える実績を作るなど、住宅における低炭素対策に大いに貢献するとともに、地域工務店に向けたゼロエネルギーハウス勉強会を主催し、地域工務店の活性化、地位向上にも尽力した。」と表彰されました。

平成28年10月15日「ホテルクラウンパレス神戸（兵庫県神戸市）」において第28回「住生活月間」における功労者表彰が行われ、国土交通大臣賞を受賞致しました。式典は高円宮妃殿下をはじめ多くのご来賓の方々のご列席のもと、厳粛に執り行われました。

受賞の様子

■受賞のお礼

今回、国土交通大臣賞を受けることが出来ましたことは、社員みんなの喜びです。日本には約12万社の工務店様があります。本来ならば工務店様が受けるべき表彰を防水業者である私どもが受ける事が出来たのは異例中の異例だと思います。

表彰状

これを機に私どもはもっともっと立派な会社を作り、工務店様へのお役立ちができるように今後ますます頑張って行きますので、どうぞ宜しくお願い致します。

■宇都正行のプロフィール

1944年07月25日鹿児島県鹿児島市で出生。鹿児島経済大学経済学科卒。座右の銘「楽あれば苦あり、苦あれば楽あり」。give&takeで人のために尽くさないと自分に返ってこないと思います。ビジネスはどうしても自分のことばかりになりがちですが、そこを相手のために尽くしてあげると自然と理解してもらえ共に成長していけると思い、お役立ちを企業理念としています。

主な業務内容は以下の通りです。
【金属防水工法】
スカイプロムナード/製造・設計・施工
【屋上緑化】OSORAリビング/設計・施工
【太陽光発電】
サン・エナジールーフシステム/設計・施工、マグソーラーシステム/設計・施工
【EJ共栄会】
MSJフラット35/日本モーゲージサービス代理店、住宅設備機器、住宅建材販売

宇都正行氏と丸谷博男氏

そらどまの家・提唱者　丸谷博男のプロフィール

　1948年9月山梨県に生まれる。東京育ち。東京都世田谷区在住。
　東京芸術大学美術学部建築科・大学院卒業、同大学非常勤講師を約40年、千葉大学24年、多摩美術大学6年務める。2017年4月より東京のICSカレッジオブアーツ学長（予定）、静岡のノアデザインカレッジも合わせ建築職人・設計者の人材育成学科を創設し、人材育成に従事するため準備中。
　一級建築士事務所（株）エーアンドエー・セントラル代表、一般社団法人エコハウス研究会代表理事。一般社団法人クラフツメンスクール監事。NPO法人motherhouse2011日本の道代表理事。
　東京芸術大学美術学部建築科奥村研究室にて設計・デザイン・エアコンディションニング術を学ぶ。また、1970年代より奥村昭雄のもとで環境共生、OMソーラー、地熱の利用などに取り組み、現在もこの分野では先進を行き、医療福祉施設・環境共生住宅づくりにも取り組む。2013年エコハウス研究会を立ち上げ、全国各地で住宅講座を開き、家づくりの技術と人材の育成に努めている。「エコハウス研究会world club」を2013.1開設、現在会員3700人を超える。日本の住まいの伝統の知恵を科学的に再評価し、現代住宅の課題に様々な提案をしている。とくに、伝統工法の空気質調整力、気候対応に優れた性能を化学的に実証評価し、現代工法の改変を提唱している。

■著書：『住まいのアイデアスケッチ集』『家づくりを成功させる本』『設備から考える住宅の設計』『実践木造住宅のディテール』『家づくり100の知恵』（彰国社）（彰国社）、『男と女の建築家が語る家づくりの話』（共著、日本工業出版）、『イラストによる家づくり成功読本』（共著、彰国社）、『そらどまの家』『新そらどまの家』（萌文社）、デンマークのヒュッゲな生活空間（共著、萌文社）。

丸谷博男と第11期エコハウスマイスターの皆さん

エコハウス研究会は家づくりを応援しています

住み手の皆様に

スカイプロムナード・OSORAリビング（緑化屋上）を提供して、家族の団らん、近所とのおつきあいを豊かにし、子供たちの情操を育みます。

地域工務店の皆様に

【EJ共栄会】

EJ共栄会では、住宅の金融・保険・保証などの手続きのサポートをします。各種手続きの窓口を弊社で一本化する「ワンストップサービス」により資金計画から引渡まで、住宅ローン・保険・保証・検査を無料にてサポートします。また、入会費・年会費も無料です。

【BOS・外皮計算】

国をあげてZEH対応が急速に動き出している今、住宅業界になくてはならない地場工務店が取り残されることがないよう、強力にサポートするため、「ZEHビルダー登録推進サポート」を行っています。また、「お施主様へのプラン提案書の作成」「積算根拠数量の拾い出し」「見積実行予算書作成」「工程管理表作成」、これらをブルーオーシャンシステムにより提供しています。さらに、ZEH対策の一環として「外皮計算」も支援しています。データーは、CADソフト（Walk in home PLUS）を使用したデータに基づいた計算結果となります。

以上の支援は、(株)栄住産業の営業スタッフの協力で進めています。

ZIGZAG HOUSE
～箱から住具へ、箱箱から環具へ～

2017年3月15日　初版第1刷発行

著　者	宇都正行＋丸谷博男
発行者	谷安正
発行所	萌文社
	〒102-0071 東京都千代田区富士見1-2-32ルーテルセンタービル202
TEL	03-3221-9008
FAX	03-3221-1038
Email	info@hobunsya.com
URL	http://www.hobunsya.com/
郵便振替	00910-9-90471

本書の掲載内容は、小社の許可なく複写・複製・転載することを固く禁じます。

©2015, Hiroo MARUYA + Masayuki UTO．All rights reserved.
Printed in Japan．ISBN:978-4-89491-326-4